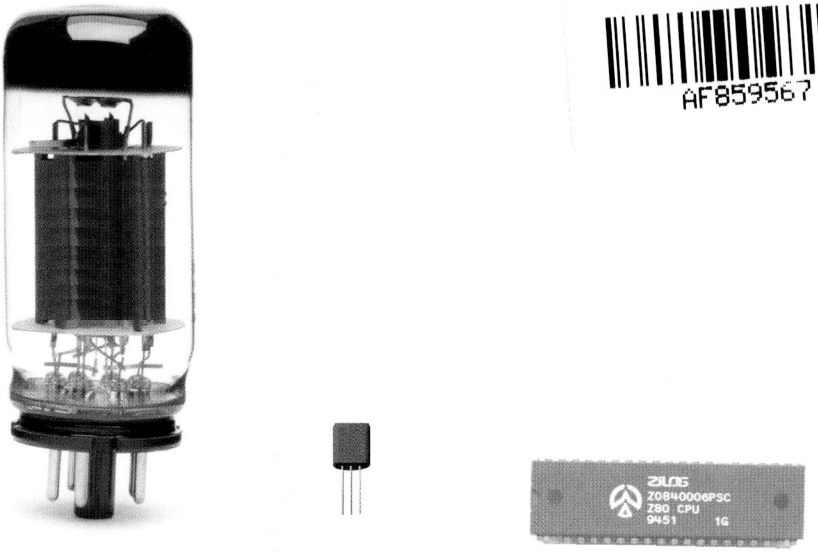

Histoire des micro-ordinateurs

Philippe Roose

CÉPADUÈS-ÉDITIONS
111, rue Nicolas-Vauquelin
31100 TOULOUSE – France
Tél. : 05 61 40 57 36 – Fax : 05 61 41 79 89
(de l'étranger) + 33 5 61 40 57 36 – Fax : + 33 5 61 41 79 89
www.cepadues.com
Courriel : cepadues@cepadues.com

Du même auteur

L'Âge d'Or... Histoire des consoles de jeux de salon .... ***Roose P.***

Chez le même éditeur

3 ouvrages pour enseigner la Physique et la Technologie au Cycle 3 :

Le Ciel et la Terre .... *Butto C., Frède V., Padilla F., Soum G.*

Les Objets Techniques.. *Butto C., Frède V., Padilla F., Soum G.*

La Matière et l'Energie .... *Butto C., Frède V., Padilla F., Soum G.*

Découverte de la Physique :

Les Relativités – Les fondements de la physique et leurs évolutions .... *Laroze S.*

La lumière à ma portée – Du soleil au laser, la lumière dans tous ses états..................... *Taïeb G., Vetter R.*

« Ah ! La physique !... belle chose que la physique !... » .... *Vetter R.*

Le temps à ma portée – Le temps, perception et mesure. Les horloges atomiques .... *Vetter R., Taïeb G.*

La physique à ma portée – Atomes et molécules, les nouvelles frontières .... *Vetter R., Taïeb G.*

IA, Intelligence artificielle

L'intelligence artificielle. De quoi s'agit-il vraiment ?.. *Konieczny S., Prade H.*

Les Machines de Turing.. *Jacopin E.*

Pourra-t-on pirater l'être humain ? Intelligence humaine versus Intelligence artificielle ......*Lexcellent Ch.*

Panorama de l'Intelligence Artificielle, 3 volumes :

- Représentation des connaissances et formalisation des raisonnements. *Marquis P., Papini O., Prade H.*
- Algorithmes pour l'intelligence artificielle... *Marquis P., Papini O., Prade H.*
- L'I.A. frontières et Applications .... *Marquis P., Papini O., Prade H.*

Et aussi

Redécouvrir l'Électronique.. *Barrandon L.*

Ici la Base de la Tranquillité, Reconstitution de premier alunissage.. *Bordères S.*

Présenter un rapport scientifique à l'écrit, à l'oral - Conseils pratiques...................... *Bruneau M., Potel C.*

Cybersécurité des installations industrielles .... *Collectif*

Mémoire humaine et Mémoire des matériaux .... *Lexcellent Ch.*

La météo expliquée... *Nicolas J.*

Les orages expliqués .... *Nicolas J.*

Le sport est-il l'avenir de l'homme ?... *Oyarsabal J.-P.*

ISBN : 978.2.36493.759.8

ISBN (1re édition) : 2.85428.696.0

Dépôt légal : juillet 2020

TABLE DES MATIÈRES

Tableau récapitulatif/date

1972	Magnavox Odyssey
1973	Le Micral
1974	
1975	Atari Pong
1976	Atari VCS 2600
1977	Apple I Tandy TRS-80 Modele 1
1978	
1979	Texas Instrument TI 99/4A Atari 400/800
1980	
1981	Sinclair ZX 81 Commodore Vic 20 Thomson TO7
1982	Commodore C64 Sinclair ZX Spectrum Standard MSX 1 Video Technology Laser 100 Atari 5200 Tandy TRS-Color Computer 2 Acorn BBC Model-A
1983	Matra Alice Spectravideo SV 318/328 Tandy TRS-80 Color Computer 2 Video Technology Laser 200 Oric 1 Micronique Hector 1 Sega/Yeno 3000/3000H Apple IIe Apple Lisa Nintendo NES
1984	Sinclair Spectrum QL Amstrad CPC 464 Exelvision EXL-100 Oric Atmos Video Technology Laser 300 Apple Macintosh Thomson MO5 Atari 7800

1985	Matra Alice 90 Amstrad CPC 6128 Amstrad PCW 8256 Atari 520/1040 ST Exelvision EXELTEL Commodore Amiga 1000 Standard MSX-2 Micronique Hector 2-HR/2HR+ SEGA Master System
1986	NeXT Cube
1987	Commodore Amiga 500, Amiga 2000 Acorn Archimede NEC PC Engine
1988	SEGA Megadrive
1989	Commodore Amiga 3000, NeXT NeXTStation
1990	Commore Amiga CD32 Nintendo Super NES SNK Neo Geo
1991	
1992	Commodore Amiga 600, 1200, 4000 Philips CD-I
1993	Atari Jaguar
1994	SEGA Saturn Sony Playstation
1995	
1996	Apple Pipp!n Nintendo N64
1997	
1998	SEGA DreamCast
1999	
2000	Sony Playstation 2
2001	Nintendo Cube Microsoft Xbox
2002	
2003	
2004	
2005	Playstation 3 Microsoft Xbox 360
2006	Nintendo Wii
2007	

Préface

Un passionné qui partage sa passion, quel plaisir !

Encore enfant, Philippe Roose est tombé dans la micro-informatique comme Obélix était tombé dans la marmite de potion magique. Du jeu sur une console analogique des années 1970, il est passé à la programmation sur micro-ordinateur en 1984, a eu la chance de rencontrer de bons professeurs du secondaire aussi passionnés que lui – et c'est ainsi que l'on s'oriente vers des études d'informatique et que l'on devient enseignant à son tour.
Il a l'excellente idée de raconter ces apprentissages dans son introduction, ce qui fournit aux historiens futurs un aperçu de ce qu'était l'initiation à la micro-informatique à la fin du XXe siècle. Pour donner une idée du contexte, rappelons que le projet d'enseigner l'informatique à l'école remonte au début des années 1970, avant même l'invention du micro-ordinateur : dans le cadre du Plan Calcul gouvernemental, qui visait à « mettre à niveau » la France en informatique, l'Éducation nationale a formé des professeurs du secondaire à la programmation et lancé une opération-pilote dans 58 lycées, puis dans des établissements plus nombreux. Dix ans plus tard, les gouvernements successifs ont lancé les plans « 10 000 micros », puis « Informatique pour tous », avec des succès inégaux et des matériels qui étaient loin de faire l'unanimité… Mais, ici et là, des enseignants motivés parvenaient à développer des compétences, rencontrant parfois des élèves qui disposaient d'un micro-ordinateur à la maison. Car les constructeurs de matériels électroniques visaient particulièrement ce marché de « l'ordinateur domestique », distinct du PC destiné aux usages professionnels.
Ceux qui ont fait leur apprentissage à l'époque gardent souvent un vif souvenir de cette découverte qui faisait percevoir un nouveau monde de possibilités ; de ces bricolages et de ces expériences qui permettaient de comprendre la technique ; de ce bouillon de culture avec son particularisme, son vocabulaire ésotérique, ses revues spécialisées et ses clubs qui ont fortement contribué à créer une communauté de micro-informaticiens et à leur donner le sentiment délectable d'être des initiés explorant l'avenir, tout en stimulant parmi eux l'émulation créative – émulation au sens classique : mélange de compétition et de coopération créatives.
Philippe Roose nous fait au passage un aveu, certainement pour se délivrer d'un remords qui hante ses nuits : une console de jeux analogique étant apparue au domicile familial, il a vite monopolisé l'appareil au détriment de sa sœur. Pour moi qui étudie « les femmes dans l'informatique », entre les années 1960 où elles étaient relativement nombreuses à étudier cette matière, à embrasser ce métier et à y devenir enseignantes, chercheuses, ingénieurs voire chefs de projets ou d'entreprises, et les années 1990 où l'on constate une étrange chute des études d'informatique chez les filles, voilà un élément d'explication qui s'ajoute aux analyses socio-professionnelles : il ne reste plus qu'à enquêter pour savoir si cet instinct accapareur se manifestait chez d'autres garçons. Je profite donc de cette

préface pour lancer un appel à témoignages : anciens jeunes machos, confessez-vous ! (Cet appel s'adresse également aux sœurs, amies et conjointes, invitées à me faire part de leur expérience personnelle dans ce domaine).

L'essentiel du livre est une histoire illustrée des micro-ordinateurs et de leurs constructeurs, à travers une sélection des machines qui ont par leur originalité ou leurs performances ont marqué leur époque. L'auteur ne cache ni ses préférences, ni le caractère subjectif de ses choix et c'est très bien ainsi. D'autant qu'il émaille ces notices historiques de réflexions personnelles avec lesquelles le lecteur peut dialoguer – nul doute que sa boîte à courriers électroniques va se remplir dès la parution du livre. Il conclut cette histoire en exprimant son regret que, depuis les années 1980, la micro-informatique n'a pas connu d'innovations aussi fracassantes que celles de sa période pionnière. On peut en discuter, mais il est vrai que l'innovation s'est en grande partie déplacée, soit vers des objets plus petits encore, soit vers l'internet. C'est un peu ce que me disait, en 2004, l'un des anciens développeurs du MacIntosh lors d'une conversation sur le campus d'Apple à Cupertino.
Voici donc un ouvrage qui devrait intéresser les passionnés d'informatique, les étudiants comme les enseignants, les praticiens comme les collectionneurs et les nostalgiques de l'époque où la micro-informatique se cherchait, s'inventait, explorait les possibles et n'était pas encore enserrée dans les multiples carcans des standards et des modèles économiques qui nous abreuvent d'autant plus de discours « disruptifs » qu'ils sont moins favorables à l'innovation.

Pierre Mounier-Kuhn, historien, CNRS et Sorbonne Université
auteur avec Emmanuel Lazard de l'Histoire illustrée de l'informatique, (préface de Gérard Berry), Paris, EDP Sciences, 2019.

Introduction

Plouf ! Oui, je baigne dedans depuis tout petit, c'est l'époque qui a voulu ça. Dès mon plus jeune âge, une console analogique nous avait été offerte à ma sœur et à moi… vu le haro que j'ai fait dessus, je dois avouer qu'elle n'a pas pu beaucoup s'entraîner ! Cette console est l'une des toutes premières qui n'aient jamais existé. Elle permettait de jouer au premier jeu réalisé, Pong, dès 1977. Dès ma classe de 6e en 1984, un extraordinaire enseignant de physique mettait à disposition des élèves son ZX-81 personnel. Le premier micro-ordinateur que j'ai touché ! L'année suivante, le PIT (Plan Informatique pour Tous) est mis en œuvre, et des Thomson TO7/70 et MO5 s'installent au Collège expérimental Jean Rostand de Biarritz. Un enseignant de physique et un autre de français/histoire-géographie oseront toucher à ces engins, se les approprieront, et pousseront le vice à les utiliser comme outils pédagogiques et à travailler ensemble !

Le collège expérimental s'équipe ensuite de vidéodisques (l'ancêtre du DVD) et l'enseignant de physique, bricoleur, soude, câble et réalise une interface entre un TO7 et le vidéodisque. L'enseignant d'histoire-géographie et de lettres résolument moderne, Gaston Rabier, passionné, y voit un intérêt pédagogique mêlant ses passions pour l'enseignement et le cinéma. À l'aide d'un petit programme 'maison' nous voilà à choisir des images sur le vidéodisque et programmer leur affichage (séquences d'images, durée, etc.) afin de raconter une histoire dans le cadre d'exercices. Ayé ! J'y suis !

La sauce prend. Après les cours, avec quelques zozos, nous partons au centre de documentation qui abrite ces drôles de machines. Nous faisons nos premières armes en BASIC, le langage de programmation fourni en 'standard' avec les micro-ordinateurs de l'époque.
Et puis les copains achètent des ordinateurs, des Amstrad pour le prix et les jeux, des Thomson pour le côté éducatif, etc. Pour moi ce sera un EXL-100 d'Exelvision… bien que parti acheter un MO5, mais le revendeur n'en avait plus !

Et là, plus de limites. Les premières nuits blanches arrivent. Les premiers listings recopiés à partir de magazines spécialisés. Il y en avait plusieurs, mais surtout, surtout… il y avait Hebdogiciel. Les premiers programmes « inventés » arrivent assez rapidement, et la première revente également afin de changer d'ordinateur. Ce sera un Commodore 64 acheté dans une bourse à l'occasion organisée par le MICA (Micro-informatique Club d'Anglet). Après de valeureuses années, il sera remplacé par un Amiga 500 puis plus tard par un Amiga 600 avant de rentrer dans la tristesse du micro-ordinateur tel que nous le connaissons actuellement, dénué de toute originalité, le PC. Je ne fais pas de l'anti-Apple, le Mac est à mettre dans le même sac ! Le PC est ici à prendre au sens Personal Computer.

En parallèle du matériel, de nombreuses lectures émaillent la découverte du monde de la micro-informatique : Tilt, Micro-news, Hebdogiciel (mon préféré, mort dans un énième procès), SVM, Excellement Votre, etc. Internet n'est pas encore arrivé. Les évolutions sont constantes, plus ou moins heureuses. C'est encore un peu l'école des pionniers, et suivre ce mouvement demande pas mal d'efforts de lecture, des après-midi dans des garages ou dans de petits magasins tenus par des acharnés mi-vendeurs, mi-électroniciens, mi-hackers, mais totalement passionnés. C'est aussi un moyen de se forger une culture, un esprit critique dans ce vaste domaine en devenir.

Et puis, des clubs de passionnés se montent, des rendez-vous se déroulent le week-end dans des salles où chacun montre de quoi il est capable, c'est l'époque du MICA (*Micro Informatique Club d'Anglet, un des premiers clubs d'utilisateurs de micro-ordinateurs*), c'est l'époque des frères Joignant, de Nono. C'est toute une ambiance, et très-très loin de l'image de l'« autiste-binoclard-boutonneux ».

Mais voilà, toute bonne chose a une fin. Dès la fin des années 90, le PC tel que nous le connaissons se fait trop présent, quelques micro-ordinateurs font de la résistance, mais plus pour bien longtemps. Nous nous y accrochons, mais savons tous que ça sent le sapin. Le rouleau compresseur de l'uniformisation fait son travail de sape. Apple, n'est que l'ombre d'elle-même, les erreurs de gestion, de positionnement commercial, de choix technologiques de certains constructeurs se payent cash, les utilisateurs, de plus en plus nombreux, de moins en moins connaisseurs et passionnés, achètent du PC. C'est la fin d'une époque, et c'est cette époque qui est concernée ici.

Qu'en reste-t-il ? Des images, une ambiance, une quête de la performance (meilleure machine, meilleur code assembleur, etc.). Un brin de nostalgie que chacun cultive dans son coin et que tentent de communiquer certains.

Les pages qui suivent tentent de faire un tour d'horizon de l'ère de la micro-informatique. L'objectif n'est pas de réaliser un panorama exhaustif, mais de mentionner les machines qui ont par leur originalité ou leurs performances marquées leur époque. De réaliser des parallèles avec des personnes (dirigeants, ingénieurs, utilisateurs) et des situations ayant également marqué cette époque, d'offrir une vision, certes très subjective de cette époque, mais qui permet, je l'espère, de développer un esprit critique de connaisseurs du domaine de la micro-informatique.

L'informatique est reconnue comme science à part entière au même titre que les mathématiques dont elle est issue. Elle a même sa chaire et est discipline scientifique autonome au collège de France. C'est probablement la seule science dont certains de ses créateurs (oui, créateurs) sont encore de ce monde, et espérons-le, pour longtemps encore. Certes, Alan Turing n'est plus, il aurait dépassé le siècle, mais d'autres noms brillants comme Steve Wozniak, Jacques Palpacuer, Bill Gates, et encore bien d'autres sont bel et bien là.

Je terminerai cette introduction par un chaleureux remerciement à M. Pierre Mounier-Kuhn, historien au CNRS que je remercie d'une part d'avoir accepté de réaliser la préface dont je partage grandement les préoccupations quant à la faible attractivité de l'informatique pour les femmes, et d'autre part pour ses différents livres historiques sur l'informatique qui sont des mines documentaires.

Philippe Roose

Chapitre 1

La préhistoire

Au début apparurent Adam et Ève, la pomme et puis tout ça. En 3000 av JC, l'empereur Fou Hi (ou FoHi selon l'orthographe choisie) inventa le trigramme en octogone, ce qui semble être la première manifestation du binaire à l'aide de traits longs et courts.

Ensuite vinrent les Chinois suivis des Arabes qui, dès le premier millénaire de notre ère commencèrent à s'attaquer à des machines à roues dentées que des ergots faisaient tourner afin de fabriquer des horloges.

Mais c'est en 1623 (année de naissance de Blaise Pascal) que Wilhelm Schickard, s'inspirant de ces mécanismes, concevra la première machine à faire des additions/soustractions sur 6 chiffres. Cette machine sera fabriquée en 1624 et détruite avant qu'elle ne soit terminée.

En 1642, le philosophe français Blaise Pascal, en gentil fils, travailla 3 ans à l'élaboration de la Pascaline afin d'aider son père, collecteur des impôts. Outre les additions/soustractions, cette machine permettait également la conversion des montants dans les différentes monnaies en vigueur à l'époque. Il est à noter que ce que l'on peut qualifier de première calculatrice, a été fabriquée en de nombreux exemplaires, et son mécanisme anime toujours les compteurs kilométriques à mécanisme analogique des voitures

En 1673, Gottfried Wilhelm von Leibniz, philosophe, théologien, mathématicien, physicien, historien (rien que ça !) construisit également sa machine, amélioration de la Pascaline, qui permettait en plus les multiplications sur 12 chiffres, ce qui permit de l'utiliser pour le calcul scientifique. Elle sera à base de l'ensemble des calculatrices mécaniques qui apparaîtront deux siècles plus tard et jusqu'au milieu des années 60 et l'avènement du calcul électronique.

Au début du 19e siècle, Charles Babbage qui ne doutait de rien se fixa l'objectif de réaliser une machine permettant des opérations autrement plus complexes que les additions, soustractions, divisions et multiplications. Il veut permettre des séries de calculs analytiques. Il s'inspirera pour ce faire de la machine à tisser de Jacquard qui utilisait des cartes à trous (un trou laissait passer l'aiguille). Chaque carte correspond à une trame, une pièce entière correspond à un ensemble de cartes. Cette machine posait déjà les fondements de la séparation des commandes et du mécanisme d'exécution. C'est en 1833 qu'il définit les règles nécessaires au fonctionnement de sa machine analytique. Elle comporte : une unité d'entrée (à base de cartes perforées), une unité de sortie (à cartes également), une unité de commandes, une unité arithmétique et enfin une unité de stockage.

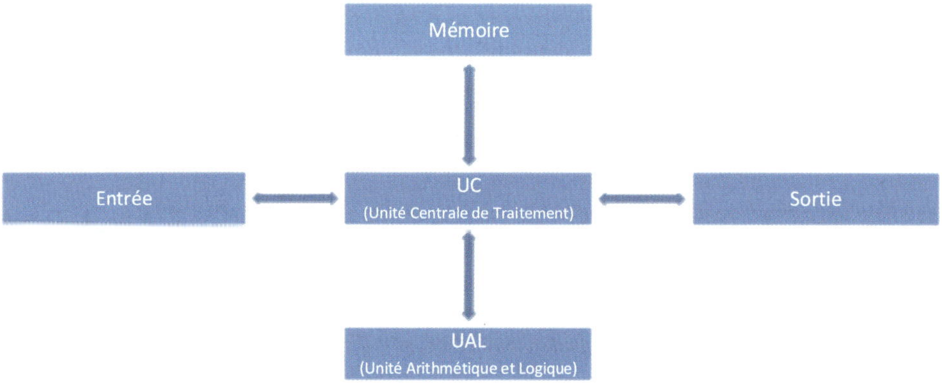

Figure 1 : Machine de type Von Newmann

Babbage changera deux fois de projets en cours de construction, lassant son sous-traitant qui ne terminera pas la construction. Ce n'est qu'en 1944 qu'IBM via Howard H. Aiken réalisera le rêve de Babbage. C'est la création du calculateur piloté par programmes stockés sur papier perforé et contrôlé par une horloge : la Harvard-IBM également appelée Harvard Mark I. Ses caractéristiques pour l'époque sont d'une addition en 0,3 seconde, une multiplication en 6 secondes, la division en 11,4 secondes, et un poids de 5 tonnes.

Comme fréquemment dans toute innovation technique, l'armée est à l'origine du décollage des ordinateurs. En effet, ils souhaitaient utiliser ces nouvelles compétences pour calculer les trajectoires de missiles à canons durant la Seconde Guerre mondiale.

En pleine 2nde guerre mondiale, l'armée américaine finance des travaux de recherche afin de réaliser produire des tables de tirs (calculs de balistique). L'aboutissement sera la création de l'ENIAC composé de 17 468 tubes, 5 millions de soudures à la main, pesant 30 tonnes et occupant une surface de 167 m^2. Il consommait 140 kilowatts. Horloge : 100 KHz et nécessitait deux moteurs de Chrysler pour être ventilé ! Sa vitesse était énorme pour l'époque, 380 multiplications par seconde.

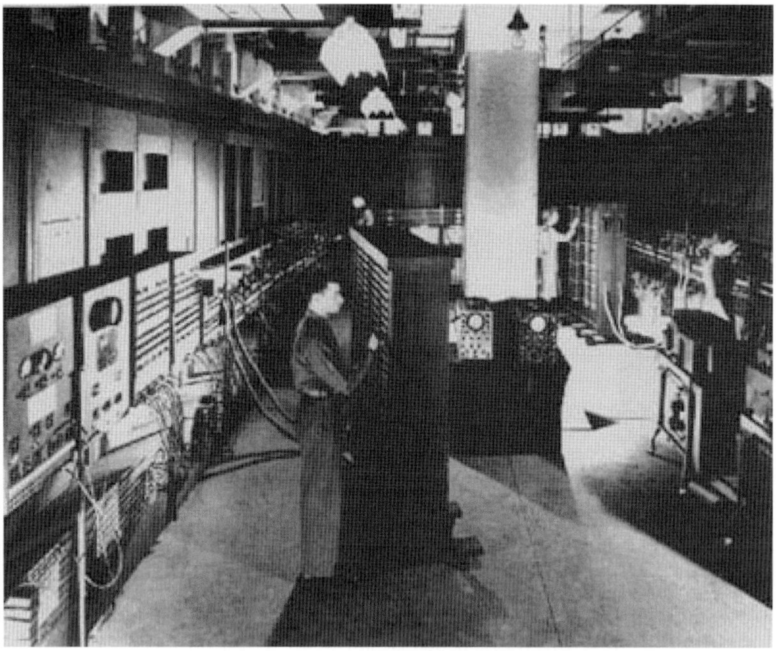

Figure 2 : Vue globale de l'ENIAC

Le transistor, inventé en 1947 au laboratoire Bell – et vaudra à ses inventeurs le Nobel de physique en 1956, joue le même rôle que le tube à vide, mais… beaucoup plus petit, léger, sans préchauffage et fonctionnant avec une faible tension. D'abord réalisé à partir de germanium dans les années 60, c'est son remplacement par du silicium qui ouvrira son industrialisation. Son assemblage avec d'autres composants pour former les circuits imprimés permettra de réaliser les rêves que certains entrevoyaient. À partir de là, la miniaturisation et l'intégration vont s'accélérer. Ainsi, Intel en 1971 intégrait 2 300 transistors sur les premiers microprocesseurs i4004 et en intègre près de 3 milliards sur la génération des i9. En 2017, IBM fera une annonce en battant le record d'intégration avec 30 milliards sur une puce en gravure à 5 nm.

Figure 3 : tube à vide

Figure 4 : Transistors

Le premier micro-ordinateur ?

C'est en 1974 que l'Altaïr 8800 de la société MITS (Model Instrumentation Telemetry Systems) équipé d'un des premiers processeurs Intel (avec pattes en or !) est en vente pour la somme de 439 $ (*2500 € aujourd'hui*). De nombreuses personnes datent la micro-informatique à partir de cet événement. Malheureusement, l'Altaïr était livré d'origine en kit et donc n'a concerné qu'une infime frange de personnes capables de le monter. De plus, l'Altaïr était livré sans clavier ni écran. Il disposait d'interrupteurs pour le programmer et de diodes pour « voir » le résultat. Aussi, il ne sera pas considéré comme le premier micro-ordinateur, ou plus précisément, le premier ordinateur pour tout public. Néanmoins, sa sortie fut un événement, et il est à noter qu'il doit principalement aujourd'hui sa renommée au fait qu'il fut le premier ordinateur pour lequel les deux amis Bill Gates et Paul Allen, écrivirent le Basic, ce qui sera le point de départ de Microsoft.

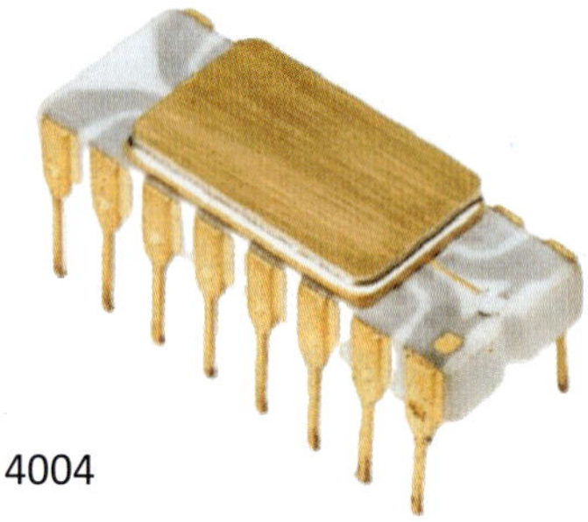

Intel 4004

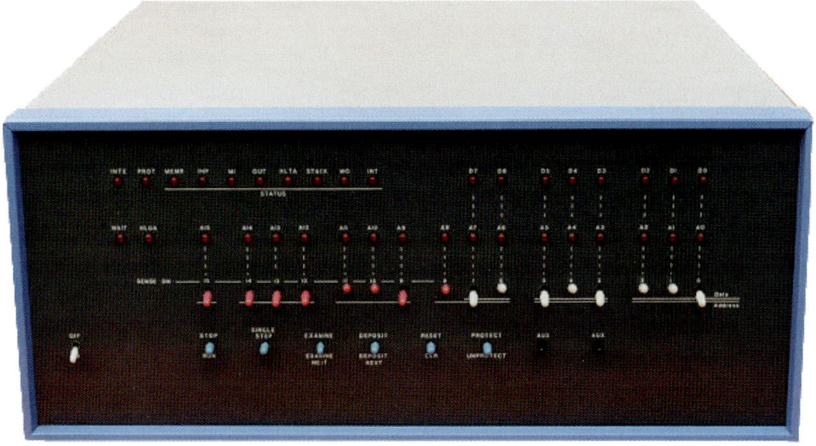

Figure 5 : MITS Altaïr 8008

Rendons à César ce qui appartient à César. Le premier micro-ordinateur de l'histoire n'est pas l'Altaïr 8008, mais... le Micral N. Il a été inventé par la société française R2E et sortira le 15 janvier 1973. Le Micral N est le résultat d'un projet commandé par l'INRA (Institut National de Recherche en Agronomie) et dont une contrainte était de permettre d'apporter la machine sur le terrain. Ce choix était en fait essentiellement motivé par le fait que l'INRA ne pouvait plus se payer le prix du leader de l'époque, le Digital Equipment PDP 8 (mini-ordinateur) qui coûtait 45 000 F (soit environ 41 000 € d'aujourd'hui). C'est à la mort d'André Truong en 2005, l'un des concepteurs avec François Gernelle de la machine que la fameuse revue Américaine Byte réparera l'histoire et conviendra que le premier micro était bien le Micral N.

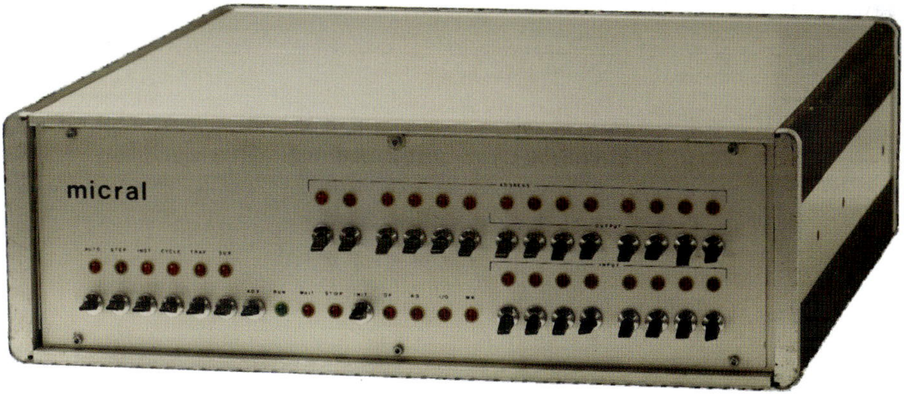

Figure 6 : R2E Micral N

Chapitre 2

Les micro-ordinateurs

R2E

Micral - 1973

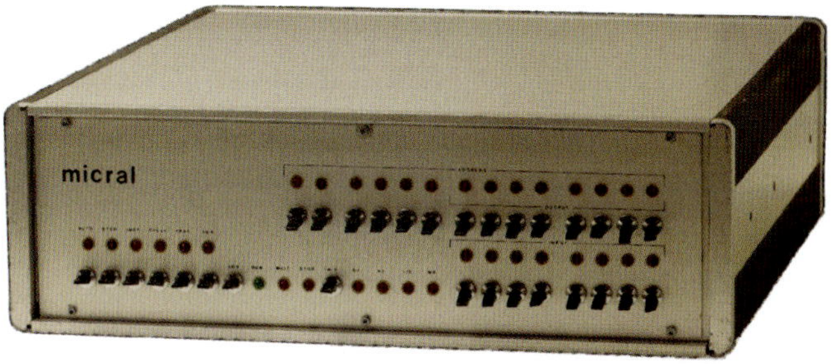

Figure 7 : Micral N

R2E - Micral N- 1973

Constructeur	R2E (France)
Microprocesseur	Intel 8008 à 0,5 MHz (8 bits)
RAM	16 Ko (extensible à 64 Ko)
ROM	-
Son	1 voie
Affichage texte	Néant
Affichage graphique	Néant... enfin, si... des loupiottes !
Clavier	Néant... des interrupteurs
Interfaces	Lecteur de bandes perforées Cartes d'entrées sorties numériques Cartes d'entrées-sorties analogiques Contrôleurs de disquette, disque dur et bandes magnétiques

Soyons chauvins ! Comme déjà mentionné, et contrairement à la rumeur populaire (ô combien injustifiée !) qui fait croire que l'Altaïr fût le premier micro-ordinateur, il ne fut que le deuxième... Le premier étant Français ! Non, Mais ! Le Micral N (voulant dire « petit » en argot) a été créé par François Gernelle et André Truong Tong Ti. Si le premier fut le concepteur technique et finalement l'inventeur de l'ordinateur, le second fut celui qui créa la société R2E (*Réalisation d'Études Électroniques*).

L'histoire commence en 1971 lorsqu'André Truong crée la société R2E (ou REE) à la suite de plusieurs voyages aux États-Unis.
En juillet 1972, l'INRA a besoin d'une « machine » permettant de mesurer l'évapotranspiration des sols dans les champs. Elle s'adresse pour cela à la société R2E qui voit François Gernelle prendre en main le projet. Aidé de 3 personnes, la machine sera prête en temps et en heure (enfin, avec à peine 15 jours de retard), c'est-à-dire pile 6 mois plus tard, ce qui en fait avec un an d'avance, le premier micro-ordinateur du monde (avant l'Altaïr de MITS Electronics). La solidité du boîtier tient en partie au père de François Gernelle qui était fondeur, la solidité étant une qualité mise en avant et reconnue des produits de R2E.

La machine était vendue à 8500 F (soit 8500 € environ aujourd'hui), soit 5 fois moins que la plupart des mini-ordinateurs de l'époque. Elle intégrait un processeur Inter 8008 cadencé à 500 KHz, elle possédait une mémoire MOS (*Metal Oxide Semiconductor*) de 16 Ko et des cartes d'entrées/sorties série et parallèle.
Certes, pour durant ces années, ni écran plat ou disque dur, ni même de clavier. À l'instar de ce qui se fera sur l'Altaïr. L'interface utilisateur se résume à des interrupteurs afin de communiquer avec le Micral N. Les résultats s'affichent à l'aide de diodes. Néanmoins, il était possible de lui connecter des périphériques, comme un télétype et un lecteur de cassettes. Il se vendra tout de même près de 1000 machines, ce qui pour l'époque est extrêmement encourageant et prometteur.

À cette époque encore, on ne parle pas de mini-informatique ou de micro-informatique, mais d'informatique tout court. C'est à la suite du Micral N que le terme micro-informatique est utilisé pour qualifier la machine : le premier micro-ordinateur du monde est né.

Dès 1974, R2E sortira d'autres machines avec écrans et claviers (1974), disque dur (1975) équipées des processeurs phares du moment tels les Zylog Z80, Intel 8080 et 8088 et réalisera même en 1984 du compatible PC avec le Micral 30.

En 1975, l'histoire aurait pu être belle. Des discussions sont engagées à Los Angeles autour d'un verre avec le président d'Honeywell, fabricant de matériel militaire et second fabricant d'ordinateurs derrière IBM à cette époque. L'histoire ne tient souvent à pas grand-chose. Elle tient à un facteur multiplicateur de 2. Le binaire est toujours présent en informatique. Le patron d'Honeywell propose de racheter le Micral pour 2 millions de dollars. André Truong fera un décalage logique à gauche (revoyez vos cours de logique informatique !) et en demandera 4 ce qui aura pour conséquence de fâcher le patron d'Honeywell qui partira de la table. François Gernelle ne le pardonnera par à André Truong. En 1979, la société est rachetée par Bull (qui contrairement à l'idée reçue est d'origine norvégienne), déjà filiale d'Honeywell depuis 1970, qui continuera à commercialiser les produits de R2E sous le nom de Bull-Micral en particulier dans l'administration et les péages d'autoroute.

Apple

Ile (1983), Lisa (1983), Macintosh (1984)

Figure 8 : Apple IIe

Figure 9 : Apple LISA

Figure 10 : Macintosh

Apple Lisa – 1983 – 9995 $

Constructeur	Apple (USA)
Microprocesseur	Motorola 68000 à 5 MHz
RAM	1 Mo (2 cartes de 512 Ko)
ROM	16 Ko
Son	Bip-bip uniquement
Affichage texte	-
Affichage graphique	720 X 364 monochrome
Clavier	Qwerty avec pavé numérique
Interfaces	2 ports série RS232 1 sortie vidéo RCA composite 1 port DB9 Souris 1 Port parallèle (sauf pour Lisa 2/10 et Mac XL car utilisé par le disque dur interne) 4 slots pour les cartes : CPU, Contrôleur E/S et RAM (2 cartes) 3 slots d'extension

Macintosh – 1984 – 2500 $

Constructeur	Apple (USA)
Microprocesseur	Motorola 68000 à 8 MHz (16/32 bits)
RAM	128 Ko
ROM	64 Ko
Son	4 voies 6 octaves
Affichage texte	Variable
Affichage graphique	512x384 en monochrome
Clavier	Type machine à écrire, mécanique
Interfaces	Prise souris Prise casque Prise imprimante série Prise modem Prise second lecteur de disquettes

Que n'a-t-on pas déjà dit sur Apple. Je ne ferai pas un historique complet des machines ni de la société Apple, un livre n'y suffirait pas. Néanmoins, je vais présenter les micro-ordinateurs qui ont contribué à créer la légende Apple : la série des Apple II, le Lisa et le Macintosh.

Mais comprendre Apple, c'est d'abord connaître la naissance de cette société pionnière, certainement l'une des dernières encore en vie (et bien en vie !).

Ce sont deux copains de lycée, Steve Wozniak et Steve Jobs, qui en sont à l'origine. Passionnés d'électronique, une fois leur diplôme en poche, ils décident de créer Apple Computer. La légende veut que n'ayant pas encore de nom le jour du dépôt de statuts, ils lui ont donné le nom de ce qu'ils étaient en train de manger. Tiens, en parlant de légende... Non, le logo d'Apple n'a rien à voir avec la pomme au cyanure d'Alan Turing. Non, le logo d'Apple n'a rien à voir avec la pomme d'Issac Newton. Le logo est simplement le fruit (hi, hi !) d'un graphiste de Palo Alto appelé Rob Janoff. Il proposera deux versions, celle avec la pomme croquée sera retenue pour ne pas confondre la pomme avec une cerise !

Figure 11 : Apple I dans sa caisse en bois

Le premier modèle, l'Apple I est apparu en 1976. Il est le fruit de Steve Wozniak, électronicien de métier, qui depuis un certain temps travaillait pour Hewlett-Packard et étudiait la conception des ordinateurs. Il décida de remplacer les interrupteurs (comme sur l'Altaïr de l'époque) par un clavier et les diodes par un écran. HP ne voyant aucun intérêt pour un ordinateur personnel, ne souhaita pas le commercialiser.

Steve Jobs (qui travaillait pour Atari), qui a toujours été le « commercial/visionnaire », a tout de suite senti le succès dans l'Apple I... et dans Woz le génie ! Malgré sa présentation sans boîtier avec les composants et cartes à l'air libre, il aura entièrement raison ! La machine possédait 256 octets de ROM et 4 à 8 Ko de RAM. Il a été mis en vente à 666.66 $ par le magasin *Byte* (Steve Jobs, fétichiste du chiffre 7 voulait le vendre 777 $, mais Wozniak trouvait que c'était trop cher). Il est à noter qu'à l'époque, à chaque démarrage, il fallait entrer l'équivalent de 3000 caractères correspondants à l'interpréteur BASIC. Ils décidèrent rapidement de lui adjoindre un lecteur de cassette pour un montant assez cher de 75 $. Il est à noter que la machine ne coûtait pas cher à fabriquer. À chaque vente, le magasin empochait 33 % de marge, Apple 50 % sur le prix de vente.

Le succès de l'Apple I appela une suite qui prendra la forme de l'Apple II, en 1977. Ce n'est qu'à ce moment que la firme a commencé à être prise au sérieux. Cette machine impressionne dès sa sortie. Par rapport à la version I, la machine se voit ajouter de la couleur, du son et une carte vidéo, une mémoire vice de 4Ko extensible à 48Ko. Sortir un ordinateur couleur en 1977 permettra aux parents d'imaginer l'utilisation de l'ordinateur pour servir à l'éducation des enfants. Steve Wozniak, le génial concepteur, pense dès le départ aux coûts et les minimise au maximum. Il réduira entre autres le nombre de puces. Aussi, à sa sortie, le prix serré contribuera à son succès. Les ventes ne cessent de croître. En 1978, avec la sortie du lecteur de disquette, l'Apple II fait encore un bond dans le nombre des commandes enregistrées.
L'Apple II est un coup de génie. Dès le départ, l'Apple II a été accepté par les bidouilleurs de tous poils. En effet, la machine était livrée en standard avec un désassembleur ce qui permettait de connaître les commandes de la machine et donc de se perfectionner et de connaître en profondeur les instructions envoyées au processeur.
Lors de sa présentation au public à la First West Coast Computer Fair, Jobs réussit à se placer à l'entrée du salon. Grâce à leur nouveau logo (l'actuel) en lieu et place de Newton sous un arbre, le stand est bien identifié et identifiable. Apple est lancé, et l'Apple II aura une des plus belles carrières puisqu'il s'en fabriquera (avec ses dérivés : IIe, IIc, IIgs) jusqu'en 1993.

La société Apple prend de l'ampleur et décide de changer leur logo pour pendre celui bien connu de la pomme croquée (pour ne pas être confondue avec une tomate). Il se vendra le nombre colossal (au regard du taux d'équipement des foyers de l'époque) de 2 millions d'Apple II.

Il est à noter que ce serait à cause de ce succès qui inquiétait le géant IBM (qui ne faisait pas à l'époque de micro-ordinateurs) que le projet « *Personal Computer* » (PC) fut lancé en 1981.

Steven Wozniak (alias Woz) est né dans la banlieue de Santa Clara qui deviendra la Silicon Valley le 11 août 1950. De papa ingénieur en électronique, Steve Wozniak ne pouvait échapper à son destin. Aussi, c'est dès son plus jeune âge qu'il s'intéresse à tout ce qui touche de près ou de loin à de l'électronique gagnant même à 13 ans un concours de création de machine à additionner et à soustraire. Il entre ensuite à la Hight School d'Homestead (Californie) où il est vite repéré par son professeur d'électronique qui lui trouve un travail dans une entreprise. C'est là qu'il rencontre sa première machine, un DEC PDP-8. Wozniak est un visionnaire et se rend très vite compte des possibilités d'une telle machine. Il l'étudie et se fait le pari d'en créer une lui-même. C'est à lors de son bref passage à l'université de Californie en 1970 qu'il rencontre Steve Jobs via un ami commun. Leur amitié sera scellée l'année suivante lorsque Woz fabriquera des boîtiers électroniques à partir de plans récupérés dans un magazine pour passer des appels longue distance gratuitement en fraudant AT&T. Ils vendront près de 200 de ces « blue box ». Embauché en 1973 par HP, tout en continuant à travailler pour le plaisir avec Jobs, il la quittera en 1976 après avoir conçu l'Apple I, présenté au fameux Homebrew Computer Club de Palo Alto (club de Geeks qui verra sortir de nombreux pionniers de l'informatique américaine). Apple lui doit la plupart des premiers développements logiciels (Basic, Jeux, OS) et matériels (Apple I, Apple II, lecteur de disquette). Il se mettra en retrait de 1981 à 1983 après un accident d'avion et reviendra en 1983 voir s'il pouvait donner un coup de main et en repartira définitivement en 1987. Il poursuivra des activités en lien avec l'informatique en créant ou reprenant des entreprises ou technologies. En 2000, il entrera au National Inventors Hall of Fame américain. Une reconnaissance méritée.

En 1980, c'est l'Apple III (également appelé Sara) qui sort des cartons d'Apple Computing. La société devient, malheureusement au goût de certains, un peu trop « gérée" manquant de cette folie du départ qui faisait le succès de nombreuses sociétés. Ce manque d'originalité est en plus plombé par une fiabilité relative ce qui plomba quelque peu l'image d'Apple. L'Apple III sera révisé et recarrossé plusieurs fois sous les noms d'Apple II+, IIe et IIc.

En 1981, suite à un accident d'avion, Wozniak cède sa place à Jobs à la tête de la société. Il est à noter qu'il reviendra temporairement chez Apple en 1983 pour donner un coup de main à la conception de l'Apple IIgs, passera ses diplômes d'informaticien et requittera l'entreprise en 1987.

La société entre en Bourse en 1980 ce qui enrichit très sérieusement les premiers employés, et Xerox prend pour 1 million d'actions (100 000 actions). Ce partenariat « financier » permet à Jobs d'avoir l'opportunité de visiter l'extraordinaire laboratoire PARC (*Palo Alto Research Center*) de Xerox où les concepts d'interfaces graphiques, de souris et de la programmation orientée-objet avec Alan C. Kay (qui rejoindra Apple en 1984) seront présentés à Jobs. Il reprendra ces idées qu'il intégrera dans le projet Lisa (nom de la fille à Jobs, tardivement reconnue). Jobs ne brille pas par sa gestion du projet (il est très caractériel) et se fait écarter pour être remplacé par Mike Makkula. Jobs décide alors de s'intéresser à un autre projet dirigé par Jef Raskin : le Macintosh (du nom de la pomme McIntosh, mais le nom étant déposé, il l'a un peu modifié). Raskin continuera à s'occuper de la partie logicielle du projet, Jobs du matériel. En 1982, Jobs « décrétera » qu'il est le responsable du projet, provoquant la démission de Raskin dans la foulée.

En 1983, c'est la sortie du Lisa, avec son superbe système d'exploitation graphique et multitâche. Son malheur viendra de son prix prohibitif de 10 000 $ ce qui ne le plaçait pas dans les ordinateurs grand public. Il s'en vendra un peu plus de 10 000.

C'est à cette époque que le premier PC de Big Blue (nom donné à la société à cause des costumes bleus de ses commerciaux) alias IBM sort, ce qui vaudra cette publicité à Apple :

Figure 12: Publicité d'Apple lors de la sortie du premier IBM PC

La puissance commerciale de la société commence à imposer ses PC. Jobs, mauvais gestionnaire, mais excellent visionnaire voit qu'Apple doit croître. Il débauche John Sculley, alors président de Pepsi-Cola avec la phrase suivante : « *Voulez-vous continuer à vendre de l'eau sucrée toute votre vie, ou voulez-vous venir avec moi pour changer le monde* » et arrive à l'imposer président d'Apple. Malheureusement, Jobs a surévalué Sculley qui ne connaissait pas grand-chose à l'informatique, et fut dès le départ en conflit avec lui.

Fort de l'échec du Lisa, trop cher et avec des logiciels de qualité moyenne, Apple motive les éditeurs de logiciels (dont Microsoft…) à développer pour le futur Macintosh.
C'est en janvier 1984, le 22 exactement que la célèbre publicité surprise de 60 secondes du Macintosh fut diffusée lors du Super Bowl (plus grande audience américaine chaque

année). Le réalisateur Ridley Scott s'inspirant de 1984, le roman de Georges Orwell, montre le monde d'IBM s'écrouler devant une nouvelle machine incluant le matériel, le système d'exploitation et plusieurs logiciels (dont MacPaint & MacWrite) : le Macintosh.
Si les ventes démarrent très vite avec 100 000 ordinateurs vendus en 6 mois, elle ralentit dès la fin de l'année. Son manque de RAM (128 Ko pour les premières versions pour des raisons de limitation de coûts – la RAM était excessivement chère) et l'absence de disque dur devenait une tare, obligeant à sauvegarder les fichiers sur des disquettes de 400 Ko. Les particuliers se tournent alors vers le PC, certes en retard technologiquement, mais doté d'une logithèque riche et de qualité comme le tableur Lotus 1,2,3 référence absolue du moment qui ne sera pas pour rien dans le succès du PC.

Néanmoins, le Mac fut la première machine « connue » ou plutôt grand public avec une interface graphique (inspirée de la machine Star de Xerox de 1981).

En 1985, le torchon brûle sérieusement entre Sculley et Jobs. Ce dernier tente de faire un coup d'État dans la société pour reprendre sa place. Ce sera un échec cuisant et Sculley sera renforcé dans sa position de président ; Jobs sera poussé à démissionner et partira par la porte (il reviendra par la fenêtre en 1997).

Apple ne va pas fort et perd de l'argent. La firme licenciera 1/5e de ses employés, soit près de 1 200 personnes. C'est à cette époque que du coup, en parallèle, un projet s'engage entre Apple et Microsoft au sujet de l'interface graphique Windows 1.0. Les sociétés signèrent un compromis qui plus tard desservira Apple lors d'un procès perdu qui durera 6 ans avec Microsoft au sujet de Windows.
Microsoft développera même des logiciels pour Apple, dont Multiplan, un tableau renommé plus tard Excel lors de la sortie de du Macintosh 512 doté de 512 Ko de RAM, lui donnant un nouveau souffle.

À Noël 1985, lors de la sortie de l'Apple IIe (un Apple III newlook), Apple ajoute la couleur au Mac. L'année suivante, c'est la limite de 128 fichier pare partition qui saute, une extension de la ROM à 128 Ko avec la sortie du Mac 512e suivi du Mac Plus avril 1986 dont l'apport principal est l'augmentation à 1 Mo de la RAM (extensible à 4 Mo). C'est également à ce moment que des logiciels phares arrivent également comme Word 3, Excel ou 4D et surtout PageMaker, un logiciel de PAO (dont l'acronyme est inventé pour l'occasion – Publication Assistée par Ordinateur). La capacité de l'ordinateur, sa simplicité d'utilisation alliée à la puissance du logiciel rend possible la mise en page de qualité professionnelle avec un ordinateur personnel ! La sortie de la LaserWriter, première imprimante laser PostScript complète le trio gagnant : Mac/PageMaker/Imprimante. Apple refait de l'argent. Apple commence à refaire de l'argent. La transition entre les Apple II et les Macintosh étant assez compliquée pour les développeurs, Apple lance **l'Apple IIgs**, qui était compatible avec les Apple II en arborant l'interface des Macintosh. Hélas, cet ordinateur fit un flop.

En 1987, le Mac II sort. Le Macintosh, n'est plus une machine, mais une famille de machines au même titre que l'est devenu le PC. 50 000 Mac étaient livrés chaque mois. La société était la chouchoute des boursiers d'autant plus que la sortie de Windows était prévue comme un flop (elle le sera d'ailleurs jusqu'à la version 3).

En 1990, la version 3 de Windows sort. Elle peut tourner sur la plupart des PC qui ont envahi le monde. Apple se fait du souci, avec raison !

En 1991, le premier PowerBook (Mac portable) sort ; ce sera une fois de plus un grand succès et déjà à cette époque la société se penche sur les PDA (Personal Digital Assistant) avec le Newton (sorti en 1993).
En juin de la même année, Sculley ne se sent plus à l'aise avec la gestion d'Apple trop au jour le jour selon lui. Le Conseil d'Administration installera l'antipathique Spindler à sa place. Il tiendra 2 ans. Néanmoins, Spindler mettra en route en 1994 la première série des Power Mac (basés sur les excellents processeurs Power PC, co-développés avec Motorola et IBM).

En 1995, l'éternel problème d'Apple, à la fois vendeur et constructeur d'ordinateurs (et de systèmes d'exploitation) refait surface. Des problèmes d'approvisionnement de pièces faisaient qu'ils avaient pour 1 milliard de commandes en cours.
Cette année sera également celle de la sortie de Windows 95, copie presque conforme de l'interface de Mac OS.

Après une période un peu mouvementée, en 1997, Jobs revient aux commandes d'Apple qui rachètera NeXT. Le système d'exploitation (NeXTStep) de la machine de chez NeXT va devenir le futur système d'exploitation des actuels Apple (Mac OS X). Jobs en profite pour faire le ménage au sein du conseil d'administration.

Le retour de Jobs aux commandes de la société contribuera au renouveau d'Apple avec les G3 et G4 suivis de la série des iMac qui permettaient aux consommateurs d'acquérir une machine Apple à un prix raisonnable. Les comptes d'Apple s'assainissent et à la surprise de tous, repassent au vert.

Même s'il est retiré des affaires, il est un personnage important dans les débuts d'Apple. Le génial Steve Wozniak. L'introduction d'Apple en bourse a fait de Wozniak (alias Woz) un multimillionnaire. Bien que génial inventeur, Woz n'a pas ses diplômes. Ce sera chose faite en 1982 en électronique et informatique. Mais déjà depuis une année Steve Wozniak ne fait plus de travaux pour Apple suite premièrement à un accident d'avion. Il réintègre Apple en 1983 qu'il quitte définitivement en 1987 précédent de peu Jobs ! Depuis Wozniak utilise sa fortune dans le sponsoring d'œuvres caritatives, d'actions pédagogiques auprès d'enfants. En 2000, il a intégré le National Inventor Hall of Fame américain.

Emulations Apple II : http://applewin.berlios.de/

Texas Intruments

TI99/4A

1979

Figure 13 : TI99/4A

TI99/4A – 1979 – 4750 FF

Constructeur	Texas Instruments (USA)
Microprocesseur	Texas Instruments TMS 9900 à 3,3 MHz (16 bits)
Vidéo	TMS 9918A
RAM	24 Ko sur 8 bits dont 16 Ko de VRAM
ROM	26 Ko
Son	TMS 9919 3 voies sur 5 octaves (110 à 55 938 Hz) 1 générateur de bruits 16 niveaux de volume
Affichage texte	40x24
Affichage graphique	TI9918 256x192 points en 16 couleurs 32 sprites
Clavier	Mécanique Qwerty, 48 touches
Interfaces	Synthétiseur de parole Boîtier d'Expansion (*Pebox*) Modems Joysticks Carte d'Extension mémoire 32 Ko Carte série/parallèle Cartes SCSI (non conçues par Texas Instruments)
Périphériques/Accessoires	Din 6 broches RVB + boîtier SECAM Péritel 1 bus d'extension 1 port Cartouche (*Solid State Cartridge*) pour GROM de 36 Ko max 1 port DB9 pour 2 Joysticks TI (prise propriétaire)

Depuis longtemps, la société Texas Instruments est un grand constructeur de composants électroniques, de calculatrices, et même d'ordinateurs. Ils sont au demeurant les inventeurs du circuit imprimé, le chaînon manquant pour le développement et la miniaturisation nécessaire au déploiement de l'informatique et toujours un grand fondeur de microprocesseurs à l'échelle mondiale. Mais, en cette fin des années 1970, il manquait à un micro-ordinateur. C'est ainsi qu'en 1979 sort des laboratoires de Lubbock au Texas, le premier micro de chez TI, le TI99/4. Ce fut le premier micro 16 bits (TMS 9940) et il sera vendu 1500 $ (équivalent de 2600 € environ aujourd'hui). Le modèle TI/99 est en réalité une série de machines puisqu'il existera le TI-99/3, le TI-99/4, TI-99/4A, le TI-99/4QI un projet de TI-99/7 qui ne sortira pas et quelques autres originalités. Mais celui qui nous intéresse de par son originalité est le 4A.

En 1981, au Consumer Electronic Show (l'équivalent du salon de l'automobile de Paris, mais pour les ordinateurs !), son remplaçant, le TI99/4A, version améliorée du TI99/4 est présenté. Les améliorations portent essentiellement sur le clavier, un mode vidéo supplémentaire ainsi que de nouvelles ROM moins volumineuses. Et il est beau dans sa livrée métallique. D'un point de vue technique, le TI-99/4A s'inspire des consoles de jeux, à savoir un branchement facile sur la télévision via une prise péritel. Dans ces années-là, seules les TV récentes avaient une prise péritel. Elle deviendra obligatoire en France sur tous les téléviseurs à partie de 1981. Il possède un port pour y insérer des cartouches de jeux (ou autre), des ports pour des manettes de jeux, et plus classique, si tant est que l'on puisse parler de classicisme à cette époque, il était possible de lui brancher un lecteur de cassette pour lire/enregistrer des programmes.

C'est une machine plutôt très en avance. Alors que les quelques micro-ordinateurs de l'époque sont essentiellement des machines à processeur 8 bits comme les 6809 ou Z80, TI qui a un savoir-faire dans le domaine, l'équipe d'un processeur 16 bits. La RAM était de 24 Ko, dont 16 Ko réservés pour la VRAM (mémoire vidéo), ce qui au final ne laissait pas grand-chose aux programmes, même s'il était possible d'acheter des extensions mémoire. Le circuit vidéo était identique à celui retrouvé sur la gamme des MSX.

Si l'on regarde plus en profondeur, le TMS9900 est un processeur peu répandu, et donc peu de personnes ne le maîtrisent réellement. Ce défaut sera également rencontré avec l'EXL100 d'Exelvision également équipe d'un processeur de chez Texas Instruments (mais en 8 bits, 16 bits. De plus, d'un point de vue conception, il y avait quelques originalités (également appelés soucis !). Seuls 8 ko de ROM et 256 octets de RAM sont sur le bus de 16 bits. En fait, la plupart des organes (processeurs vidéo et son par exemple) sont mis sur un bus 8 bits multiplexé (16 bits -> 2x8 bits). Les interruptions étaient très mal gérées, car chacune des trois interruptions faisait perdre 4 cycles d'horloge à chaque appel, ralentissant ainsi la machine de manière considérable.

Mais il y a une explication à ceci. Elle vient du fait qu'au départ, le TI99/4A a été conçu pour un processeur, le TMS9985 qui possédait quelques différences notoires :

- Bus de données externe 8-bits.
- RAM interne de 256 octets, accessible en 16-bit.

- Une seule ligne d'interruptions associée à un vecteur unique.

Malheureusement, pour des raisons techniques a-t-on dit chez TI, le TMS9985 n'est jamais sorti, et comme le temps pressait, le TMS9900 (en version légèrement améliorée) a pris sa place, malheureusement, la machine n'a pas été pour autant repensée.

Mais le TI-99/4A traînait d'autres casseroles. Il utilisait en majeure partie un langage interprété, le GPL (*Graphics Programming Language*). Comme chacun sait, les langages interprétés sont toujours plus lents que les langages compilés. Les conséquences de l'utilisation du GPL sont multiples, la plus importante étant un accès limité aux fonctionnalités du système d'exploitation.

Au niveau mémoire, 8Ko étaient réservés pour le code assembleur, contre 40 Ko (mais 30 Ko utilisables) pour le GPL.

Néanmoins, ce langage possédait un avantage important à l'époque : la compacité de ses routines.

Une autre particularité, et non des moindres pour les joueurs, était une gestion matérielle des sprites en monochrome (*ou lutin – petit dessin animé représentant un personnage/monstre dans les jeux vidéo*), permettant ainsi des animations d'une fluidité sans reproche.

Le TI99/4 dans sa première version possédait une gestion du clavier et des joysticks plus que complexe, ce qui ne facilitera pas la mise au point des programmes pour cette machine. TI mettra 2 ans, jusqu'au TI99/4A pour mettre un peu d'ordre dans l'architecture.

TI était connu par la qualité de ses produits, et avec cet ordinateur, elle se fera connaître également pour l'esthétisme tranchant avec les canons du moment. Le TI-99/4A avait un style très moderne accentué par rappel en aluminium. Son prix, un peu cher pour l'époque sera de 525 $, mais c'était pour se payer le premier micro-ordinateur 16 bits !

En juin 82, face au succès du Commodore Vic 20 sorti à la même époque, TI va faire appel à Bill Cosby de la série américaine « Madame est servie » pour 1 million de dollars afin de vanter les mérites de la machine. La guéguerre fait rage entre Commodore et TI qui se battent à grands coups de rabais. Et ça marche, la machine sera un temps la plus vendue aux USA (150 000 unités/mois). Le problème, c'est qu'en raison de ces rabais, la machine ne rapporte presque rien. Le peu de bénéfices réalisés malgré le volume des machines vendues sera englouti par les défaillances du boîtier d'alimentation conçu par une société sous-traitante.

TI décide alors de baisser régulièrement le prix afin de concurrencer le VIC 20, qui lui aussi baissait. Il descendra jusqu'à 150 $, mais avec un 'pack logiciel' alors que le VIC 20 était vendu à 99 $. Au regard du prix de production de 150 $, TI ne pouvait maintenir de tels rabais. Ils décidèrent donc de fabriquer une nouvelle version, mais au coût de fabrication moins élevé. Le 'nouveau' TI-99/4A de couleur beige sortira à 99 $. Hormis sa couleur, ils ont légèrement modifié la ROM qui refusait de faire fonctionner les cartouches de Solid State Software qui n'avait pas payé la licence à TI !

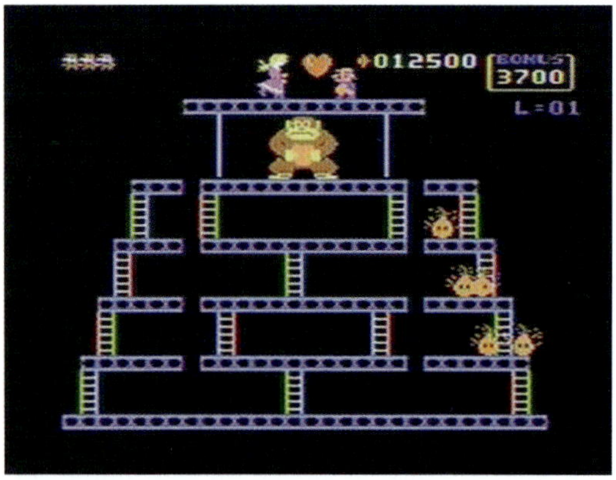

Figure 14 : Donkey Kong

Ce sont les débuts de la fin. Malgré des offres commerciales et la mise au point d'autres machines (comme les 99/2 et 99/8) qui n'aboutiront pas, rien ne sera jamais plus commercialisé. En juillet 1983, la société annonce 119 millions de dollars de pertes, et 223 en octobre ; c'est trop. Le 28 octobre, TI arrête les frais et se retire du domaine domestique malgré ses 20 % de parts du marché. Ils liquideront les stocks aux distributeurs, et ce sera la fin de la gamme des TI-99 avec 2,5 millions de machines vendues à travers le monde. Ce qui n'est pas rien tout de même en ces débuts de la micro-informatique.

Au total, ce sont 400 millions de dollars qui auront été engloutis, et le premier échec commercial pour Texas Instruments qui se recentrera sur son activité de microprocesseurs, activité sur laquelle elle excelle encore aujourd'hui.

Au niveau logiciel, de très nombreux jeux ont été développés, mais également des programmes éducatifs ainsi que quelques logiciels un peu plus professionnels.

Il y eut même un service en ligne développé qui permettait d'obtenir des informations nationales et internationales, de faire du « chat », de récupérer des logiciels gratuitement, d'accéder à des banques de données éducatives et/ou commerciales, et permettait également d'avoir une assistance logicielle et matérielle.

Commercialement, le TI99/4 avait été prévu pour être une machine bon marché, bien que limitée. À la sortie, la machine était effectivement limitée, mais n'était plus du tout bon marché ! De plus, alors que des sociétés comme ATARI proposaient des jeux pour la machine, TI n'a rien trouvé de mieux que de leur mettre des bâtons dans les roues des maisons d'édition (changement des ROMS refusant l'assembleur dans les cartouches par exemple et obligation faite aux développeurs de payer une sorte de taxe à TI).

En 1983, TI annonçait la fin de la production de ces machines.

Il y aura en tout et pour tout quatre variantes commercialisées du TI99 : le TI99/4, le TI99/4A, le Computer 99/4A, le TI99/QI.

Émulations du TI 99/4A : http://www.99er.net/emul.shtml

Commodore

Vic20 et C64

1981, 1982

Figure 15 : Vic20

Figure 16 : C64

Vic20 – 1980 – 300 $

Constructeur	Commodore (USA)
Microprocesseur	MOS Technology 6502 à 1 MHz (8 bits)
RAM	5 Ko (3.5 Ko utilisable) extensible à 32 Ko
ROM	16 Ko (8 Ko BASIC, 8 Ko Noyau)
Son	3 voies sur 3 octaves, générateur de bruit blanc
Affichage texte	23x22
Affichage graphique	176x184 en 16 couleurs (8 pour le texte, 16 pour le fond)
Clavier	Type machine à écrire, verrouillage Maj/Min
Interfaces	Port cartouche Cassette Antenne PAL Moniteur vidéo Port Série IEEE Port joystick

C64 – 1982 – 595 $

Constructeur	Commodore (USA)
Microprocesseur	MOS Technology 6510 - dérivé du 6502 - à1 MHz (8 bits)
RAM	64 Ko dont 39 Ko utilisateur
ROM	20 Ko (dont le Microsoft Basic 2.0)
Son	3 voies PCM 8 octaves
Affichage texte	40x25
Affichage graphique	320x200 en 16 couleurs Scrolling câblé 8 sprites câblés 21x24, possibilité de zoom x2
Clavier	Type machine à écrire, 61 touches
Interfaces	Cassette 2 ports joysticks type D (9 broches) IEEE 488 RS 232 Vidéo Composite (DIN 5 broches) Antenne, PAL

Si R2I ou Apple ont été parmi les premiers à concevoir des micro-ordinateurs, ils n'étaient pas pensés pour le particulier. Commodore réalisera l'un des premiers ordinateurs personnels, le PET (*Personal Electronic Transactor*), c'est-à-dire, pensé pour le péquin moyen.
Dans l'histoire de la micro-informatique et de l'informatique au sens plus général, Commodore International Group est comme Apple, IBM ou Sinclair un constructeur à part. Son fondateur, Idek Tramielski est né en 1927 en Pologne et sera déporté à Auschwitz puis dans un camp de travail jusqu'à la libération du camp en 45 par les Américains.
En 1947, il émigre aux USA où il obtient la nationalité et change de nom pour s'appeler Jack Tramiel. Après quelques années à réparer des machines à écrire dans l'armée où il s'est engagé 4 ans puis pour une boutique comme employé, il ouvre son propre atelier dans le Bronx, le Commodore Portable Typewriter. C'est le début de la société. Pour des questions de facilités administratives liées à l'importation de machines Olivetti et surtout pour contourner le protectionnisme Américain, il ouvre à Toronto une autre société appelée Commodore International en 1959 qui deviendra en 1962 Commodore Business Machine (CBM) lors de son introduction en Bourse.

Devant les difficultés financières liées à la concurrence, il décide de se diversifier, se met en cheville en 1969 avec Texas Instrument pour lui commander des composants et fabriquer des machines à calculer (à 100 $ pièce). La société connaît un fort essor avant qu'en 1975 TI ne se décide à se les fabriquer elle-même en cassant les prix. TI aura et a toujours par ailleurs un beau CV dans le domaine des calculatrices au niveau mondial.

Durant les années 1975-1976 Commodore va avoir de lourdes pertes. La société sera renflouée par un actionnaire qui en profitera pour faire racheter la société MOS Technology à Commodore, l'objectif étant d'avoir un autre fournisseur de composants. Or, MOS Technology, qui a conçu le processeur 6502 a également dans ses cartons le concepteur du processeur, Chuck Peddle. Ce dernier convainc Jack Tramiel que les calculatrices vont être dépassées par les micro-ordinateurs. Ce projet démarre et aboutira à la sortie du PET.

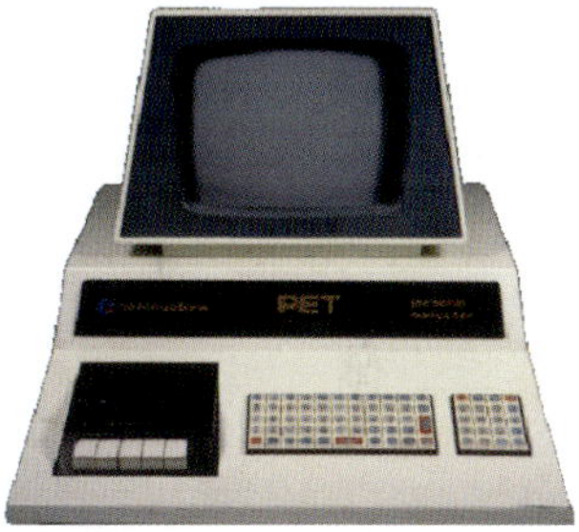

Au départ, il n'est pas prévu que le PET soit vendu par Commodore qui le propose à Tandy, qui trouve l'idée très bonne… et grâce à sa collaboration avec Radio Shack, sortent le TRS 80 !
Du coup, Tramiel part présenter le PET au CES (Consumer Electronic Show) de Chicago de 1977. Avec son look tout-en-un et de bonnes caractéristiques techniques pour l'époque (avec bien évidemment un processeur MOS 6502 à 1 MHz, 4 Ko de Ram, écran texte, lecteur de cassette intégré, Basic en ROM), il se fait remarquer et les commandes arrivent

en masse, au-delà des espérances de la société. Malgré quelques difficultés pour fournir les ordinateurs et des prix qui montant (le prix de départ de 495 $ avait été sous-évalué), le PET se vend bien, fait un carton dans l'éducatif et sera suivi de plusieurs versions avec même une version biprocesseur, le PET 8000 qui sera le premier micro-ordinateur biprocesseur. Au niveau des ventes, Commodore court-circuitera les « petits » revendeurs pour privilégier la piste « grandes surfaces » et le PET sera l'un des premiers ordinateurs vendus par ce biais-là. Afin de coller aux avancées technologiques, il est nécessaire de proposer de nouveaux appareils et de faire évoluer la gamme. Ce nouveau matériel n'est pas compatible avec les anciens, et du coup, les clients se sentent frustrés et se tournent vers de nouveaux modèles moins chers, le fameux RTS 80 de Tandy et l'Apple II. Ce problème de rétrocompatibilité en cette époque de ruptures technologiques assez fréquentes est un réel problème et causera la perte de nombreuses sociétés comme nous le verrons dans les pages suivantes.

Mais fort heureusement pour nous, les usagers, Commodore a observé et prévu le coup et anticipé ce « petit souci » en lançant un projet d'ordinateur bon marché, ce sera le VIC 20.

Jack Tramiel est né en 1928 en Pologne sous le nom d'Idek Tramielski. Il passera par les tristes camps de la mort de Łódź et d'Auschwitz. Il sera libéré par les Américains d'un camp de travail en 1945. En 1947, il émigrera aux USA où il officiera comme militaire puis taxi. Dans les années 50, via une la société Commodore Business Machine qu'il crée au Canada afin de couronner des restrictions américaines, il importe aux USA des machines à écrire Tchèques. Pour faire face à la concurrence, il s'orientera dans les années 70 dans la fabrication de calculatrices avec processeurs TI, qui investira le marché en cassant les prix vite après. Tramiel voit le coup venir et dès 1976 rachète la société CMOS, inventeur du fameux processeur 6502. Dans la foulée, en 1977 sortira son premier ordinateur, le PET. L'histoire est lancée ! Évincé de Commodore, il rachètera Atari et sera à l'origine de son renouveau avec la gamme des ST. Il restera jusqu'à la fin avec Atari. Il est à noter qu'il participera avec sa femme à la fondation du musée de l'Holocauste à Washington en 1993 auquel il fera don de plus de 1 million de $. Il décédera à l'âge de 84 ans en 2012 à Stanford.

Vic 20

Le Vic 20 (20 pour 20 Ko de RAM) a été lancé aux États-Unis en juin 1980 au prix de 300 $ (environ 950 € d'aujourd'hui), mais c'est aux fêtes de Noël 1982 que son succès se concrétise. Il s'en vendra 2,5 millions dans le monde lors de l'arrêt de la fabrication en 1985.

Le VIC 20 doit son nom à la puce vidéo MOS Technology VIC-II (Video Interface Chip) et son succès non seulement grâce à un très bon niveau technique qui reprenait certaine partie du PET (processeur, Basic), mais également à sa grande logithèque essentiellement composée de jeux venant des salles d'arcade. On pourra citer les adaptations réussies de Choplifter, Donkey Kong, Pac-Man, etc. L'ordinateur se livrera une guerre avec le TI-99/4A de chez Texas Instrument. Les deux sociétés vont aller de baisse de tarif en baisse de tarif. Le VIC 20 sera bradé et descendra jusqu'à 99 $ en 1984, soit le tiers de son prix initial. Assez rapidement, le VIC 20 disparaîtra des rayonnages pour laisser la place à son illustre grand frère, le C64.

Le C64... une histoire, une épopée ! D'un point de vue esthétique, les avis sont plus que partagés. Il faut reconnaître que cette machine n'était tout de même pas d'une grâce extraordinaire, mais ceci est totalement subjectif. Néanmoins, on ne peut que louer son clavier mécanique (qwerty) de bonne qualité, ce qui n'était pas si courant à l'époque puisque l'on trouvait plutôt les infâmes claviers gommes (gamme des Thomson, Oric, EXL 100, etc.).

L'ensemble des ports et des périphériques se situaient sur le côté droit et sur la face arrière de la machine. Pour les heureux Français et leur système vidéo SECAM, ils avaient le droit de brancher un boîtier supplémentaire entre la machine et la télévision afin de transformer le signal NTSC (standard américain). À noter, mais ce n'est pas un scoop chez Commodore (ce sera même un signe distinctif), une imposante alimentation (sorte de gros pavé noir) située entre la machine et la prise de courant. Chose étrange, Commodore n'a pas jugé bon de rendre sa machine compatible avec les lecteurs de cassettes classiques de l'époque. Ainsi, il était nécessaire d'acheter le lecteur fabriqué par Commodore (le même que celui du PET - le 1530).

Cette machine possédait quelques options intéressantes comme le crayon optique (que possédera également le TO7 de Thomson), un lecteur de disquette 5"1/4 (le fameux gros et lent 1540 simple face et de 160 Ko de Commodore avec son alimentation séparée), un modem (2400 bps), des imprimantes et la Voice Box qui permettait à la machine de parler.

Au niveau technique, son processeur, le 6510 est une version évoluée du 6502 qui équipait déjà les Vic 20, les Apple II et autre Atari 400 et 800. Au niveau affichage, le C64 utilisait le VIC 6564 (*Video Interface Chip*) qui équipait déjà les Vic 20, mais cette version modifiée permettait un affichage excellent pour l'époque de 320x200 pixels en 16 couleurs et surtout, ce chip permettait une gestion des sprites ou MOBs (*Movable Object Block*) jusqu'à 24x21 pixels. Ceci sera très apprécié par les programmeurs et permettra la réalisation de jeux qui ont marqué l'histoire de la micro. Côté son, le C64 n'était pas en reste puisqu'il possédait 4 voies grâce au processeur SID 6581 (*Sound Interface Device*) et permettait également d'imiter la voie humaine sans ajout de carte supplémentaire alors que les IBM PC n'en étaient encore qu'à des bips stridents et un affichage monochrome. En bref, le C64 possédait ce qui se faisait de mieux pour l'époque.

Le choix de 64 Ko était audacieux en 1981, au moment de sa conception. Jack Tramiel souhaitait se démarquer par ce biais, et ce, même si au moment de sa conception, la RAM coûtait extrêmement cher. Il était persuadé qu'elle baisserait rapidement. La machine sera présentée au CES de 1982. Grâce au rachat précédent de CMOS, Commodore réalisait des économies d'échelle sur les processeurs (calcul et vidéo) ce qui permit de le proposer à un tarif extrêmement compétitif de 595 $ (1200 € environ aujourd'hui). Mais la technique n'étant pas tout, le C64 était non seulement peu cher pour une machine avec de telles caractéristiques, mais elle était également fiable et solide.

Ce fut l'une, si ce n'est la première machine réellement ludique et conserve ainsi de nos jours un grand nombre de passionnés à travers le monde. Ce sera le micro-ordinateur le plus vendu à travers le monde. 17 millions d'exemplaires entre 1982 et 1992 seront écoulés ; 10 ans d'existence commerciale. Machine mythique pour un grand nombre de personnes en ayant possédé une... ou ayant rêvé d'en posséder une, et encore actuellement un marché de l'occasion florissant.

Il sera le premier ordinateur vendu dans les étalages de grandes surfaces aux USA. Il est si populaire lors de sa sortie, que les revendeurs en font des stocks pour un an à l'avance. De cet engouement encore jamais vu pour un ordinateur naîtra un grand nombre d'idées encore présentes aujourd'hui, comme le concept de programmes *sharewares* ou *freewares* largement diffusé avec la collection *Fish* que l'on recevait à la maison sur cassettes/disquettes.

Alors que les fans de micros restaient plutôt confinés dans leur coin, des correspondances et des regroupements commencent à naître entre les utilisateurs. Le besoin d'échange d'idées et de programmes se fait sentir. De très nombreux clubs d'utilisateurs, de programmeurs se créent et pour beaucoup suivront la marque au cours de son développement en achetant les machines qui sortaient. C'est à cette époque également que sortent les premiers BBS (bulletin board system, ou babillard en Français-Canadien), ancêtre des forums actuels. Ce système survivra jusque dans les années 90 où Internet le rendra obsolète.

Le C64 était également une machine éducative. De nombreuses écoles et universités essentiellement américaines s'en sont équipées avec succès ce qui d'ailleurs contribuera en premier lieu à son développement aux USA, avant que les jeux ne prennent le relais et complètent l'offre. Le succès appelant le succès, l'engouement Américain favorisera son développement dans le monde ce qui lui permettra d'avoir une carrière internationale.

Le C64 connaîtra un certain nombre de dérivations dont une en particulier : le SX-64, un C64 (trans-)portable avec un écran couleur (premier ordinateur portable couleur) de 5 pouces et un lecteur de disquette 5 ¼. Il ne possédait pas de batterie, il était nécessaire de le brancher sur le secteur (d'où sa qualification de « transportable »).

C'est en janvier 1985 qu'une évolution majeure du C64 se fait avec le C128 (128 Ko de RAM). Il possédait un affichage en 40 ou 80 colonnes ce qui n'était pas monnaie courante pour l'époque. Outre sa robe blanche, il avait, ô miracle, un pavé numérique qu'apprécieront bon nombre de personnes. Il était entièrement compatible avec le C64, tant au niveau soft (*logiciels*) qu'au niveau hard (*matériel*). Il pouvait utiliser l'infâme lecteur de disquette de 360 Ko du C64 (le 1541), mais pouvait se voir mettre à la place un autre lecteur bien plus rapide (le 1571) ou bien même un lecteur 3 ½ (le 1581) qui permettait de stocker jusqu'à 800 Ko.

Pour avoir eu un C64, je peux vous assurer que cette machine était d'une utilisation extraordinaire. Les jeux étaient plus que nombreux et d'une excellente qualité (il n'y a qu'à regarder et jouer au fabuleux *Skate Or Die* d'Electronic Arts).
Je pense que tous les possesseurs de lecteur de disquettes 1541 ont pesté à n'en plus pouvoir devant sa lenteur. Mais quel plaisir d'acheter des disquettes « simple face », d'y faire un trou avec une perforatrice de classeur, de retourner la disquette et de l'utiliser comme une « double face » !

Le C64 a été également la machine qui a mis le pied à l'étrier de nombreux informaticiens, certes vieillissant aujourd'hui, mais quand même ! Les cartouches Action Replay MK VI et Epyx Fast Load Cartridge. La première permettait d'arrêter un jeu en appuyant sur un bouton. Cela ouvrait un moniteur et permettait d'accéder à l'intégralité de la mémoire pour par exemple se rajouter des vies, des points, etc. Mais pour faire ceci, il était nécessaire de comprendre un minimum la programmation en assembleur… mère de toutes les programmations ! C'est ainsi que de nombreux hackers se sont fait la main en essayant de contourner les protections, en proposant des 'patch' permettant d'avoir des vies illimitées, de sauter des niveaux, etc.
La seconde cartouche possédait un moniteur d'assembleur qui permettait également l'accès à la mémoire, mais surtout, elle permettait d'accélérer les chargements des jeux à partir du 1541, et ce jusqu'à 5 fois. Elle offrait également une série de raccourcis pour charger, sauvegarder, éditer une disquette.

Allez, j'en rajoute une couche ! Il était possible d'ajouter une souris Commodore, la 1351. Mais pourquoi une souris ? Pour utiliser Geos pardi (*les plus hardis auront reconnu le mauvais jeu de mots avec un célèbre le jeu télévisé*).
GEOS (*Graphical Environment Operating System*) est un environnement graphique et une suite logicielle (comme la suite Office de Microsoft) développés par Berkeley Software. GEOS consiste en une surcouche graphique au. Geos était livré avec un logiciel de traitement de texte (*GeoWrite*) et de dessin (*GeoPaint*). La qualité (due en grande partie à la machine elle-même bien en avance) de GEOS face au rival qu'est le Macintosh d'Apple donne une belle leçon à la firme de Cupertino. Cette interface restera malheureusement, et malgré ses qualités, assez confidentielle. Il est à noter que Geos sera également adapté au monde PC avec les mêmes qualités et malheureusement le même insuccès.

Émulations du C64 : http://www.viceteam.org/

Sinclair

ZX 81 et ZX Spectrum, QL

1981, 1982, 1984

Figure 17 : ZX 81

Figure 18 : ZX Spectrum

Figure 19 : Sinclair QL

ZX 81 – 1981 – 1000 F

Constructeur	Sinclair (Angleterre)
Microprocesseur	Zilog Z80A à 2 MHz (8 bits)
RAM	1 Ko extensible à 16 Ko (pour 690 F)
ROM	8 Ko BASIC
Son	Aucun
Affichage texte	32x22
Affichage graphique	64x44 en monochrome
Clavier	Type calculatrice, sensitif 40 touches
Interfaces	Slot d'extension Cassette Sortie Antenne
Couleurs	2

ZX Spectrum – 1982 – 2325 F (16 Ko)

Constructeur	Sinclair (Angleterre)
Microprocesseur	Zilog Z80A à 3,5 MHz
RAM	Versions 16 Ko et 48 Ko
ROM	16 Ko avec SuperBASIC et QDos
Son	1 voie 6 octaves, haut-parleur intégré
Affichage texte	32x24
Affichage graphique	256x192 en 8 couleurs
Clavier	Type calculatrice en gomme, QWERTY 40 touches
Interfaces	Port d'extension 28 broches Cassette RF

Sinclair QL – 1984 – 399 $

Constructeur	Sinclair (Angleterre)
Microprocesseur	Motorola 68008 à 7,5 MHz + 8049 (16/32 bits)
RAM	128 Ko extensibles à 640 Ko
ROM	32 Ko, Q/Dos
Son	1 voie
Affichage texte	40x25 85x25
Affichage graphique	256x256 en 8 couleurs 512x256 en 4 couleurs
Clavier	Type machine à écrire, QWERTY
Interfaces	2 Microdrives (2x100 Ko) Deux ports RS232C Connexions réseau (100 Kb QLAN)

Il est impossible de dissocier les micros Sinclair de leur géniteur : Sir Clive Sinclair est né en 1940 et anobli en 1983 par la Reine d'Angleterre. Avec un père et un grand-père inventeurs, il est tombé dedans tout petit. Aussi, enfant, il n'était véritablement heureux que lors des vacances où il pouvait s'adonner à sa passion : expérimenter ses machines !

Féru de mathématiques où il excellait, il se découvrit également une passion pour l'électronique, au point de faire ressembler sa chambre à un amas de fils électriques. Ses expériences touchaient principalement au domaine de la radio et de l'amplification et avaient une passion pour la miniaturisation. En 1961, il créera Sinclair Radionics Ltd. Son premier produit sera un appareil radio miniature, cette miniaturisation en permanence au cœur de ses travaux. Il proposera même une calculatrice utilisant le système binaire. Il pensait avoir inventé quelque chose de révolutionnaire, il fut un peu dépité lorsqu'il apprit que ça existait déjà.

Clive Sinclair est né le 30 juillet 1940 à Richmond. Fils et petit-fils d'inventeurs, Clive s'ennuie ferme à l'école qu'il quitte à 18 ans. Excellant en mathématique et autodidacte, Clive ne conçoit la théorie qu'avec la mise en pratique.
Il étudiera beaucoup ce domaine ainsi que celui de l'électronique et plus particulièrement les aspects liés à la miniaturisation. Il proposera une calculatrice basée sur le langage binaire sans savoir que ce dernier avait été inventé depuis bien longtemps : « je pensais que c'était une excellente idée. J'ai été vraiment frappé d'apprendre peu après que le système binaire existait déjà. Cela m'a terriblement déçu parce que je pensais avoir fait une découverte...".
Clive enverra de nombreux articles à la revue Practical Wireless (revue britannique sur l'électronique). Certains seront publiés (ça fait penser tout de même à un illustre prédécesseur un certain Albert E. qui était également inadapté à l'école, mais écrivait des articles pour les plus grandes revues de physique). Il intégrera l'équipe éditoriale et se retrouvera même à sa tête.
En parallèle, Clive Sinclair décide de mettre à profit les travaux qu'il mène sur la miniaturisation afin de proposer un ordinateur compact et pas cher : ce sera le ZX 80 proposé en 1980.

Clive ne concevait son éducation que par l'expérimentation. Il quittera l'école à 18 ans pour apprendre seul. Il soumettra et publiera des articles à Practical Wireless (revue britannique sur l'électronique). Il va rapidement intégrer le journal en tant qu'éditorialiste, et quelque temps plus tard, il se retrouvera même à la tête de ce dernier. Clive qui travaille vite en profite pour continuer ses expériences (toujours sur la... miniaturisation) et pour collaborer avec d'autres journaux traitant principalement de microprocesseurs.

Nous sommes à la fin des années 70, les micro-ordinateurs pointent le bout du nez. En 1979, Clive Sinclair se fixe comme objectif de réaliser un ordinateur compact (on retrouve encore ses travaux sur... la miniaturisation) et pas cher. Le pari sera gagné, ce sera le ZX80 qui sortira en... 1980. La logique est implacable. La machine est vendue montée ou en kit et possédait 4 Ko de ROM, 1 Ko RAM extensible à 16 Ko, se branchait sur la TV (soucis d'économie) et permettait des sauvegardes à l'aide d'un magnétophone à cassettes standard. La machine était mue autour d'un NEC 780C-1 (compatible avec le Z80), choix guidé par le faible coût de la puce, et ne possédait qu'un affichage textuel, ce qui compliquait un peu la tâche pour réaliser de petits jeux, car il fallait 'redessiner' les caractères.

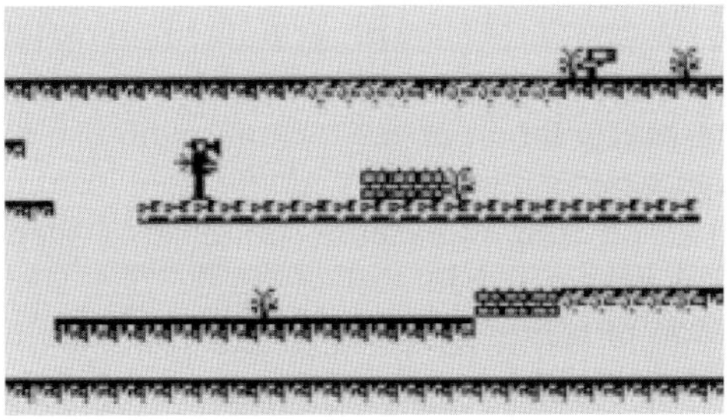

Figure 20 : Manic-Miner

Le succès est fulgurant pour l'époque, 20 000 machines vendues dès la première année, un taux de retour très faible (moins de 1 %, dû par la qualité de fabrication du sous-traitant Timex) en font un succès auquel ils n'arrivent pas à répondre. Ceci s'explique non pas par la technologie de la machine, mais par le fait qu'elle était la seule sur ce créneau du compact et pas cher (moins de 1000 FF).
En mars 1981, sort le ZX... 81 ! Cette machine est en fait une évolution de la précédente et en profite pour corriger quelques erreurs de jeunesse comme par exemple l'ajout d'un coprocesseur arithmétique. Malheureusement, pour des raisons de coûts, le clavier à membrane reste désespérément... plat ! Le succès est encore au rendez-vous. Des accords passés avec les écoles anglaises, des exportations avec les USA et le Japon font qu'il se vend 500 000 machines entre 1981 et 1982. Au total, ce sont 2 millions de machines dont 100 000 rien qu'en France qui inonderont le monde entier. Les périphériques évoluent, une imprimante thermique voit le jour ainsi qu'une très attendue une extension mémoire.

Devant le succès, de nombreuses sociétés se créent autour de cette machine pour le développement de logiciels, de périphériques, etc. Le ZX81 est une machine culte sur laquelle nombre de personnes se sont initiées à l'informatique, et de par son faible coût pour l'époque a permis une certaine démocratisation de l'informatique dans les foyers.

En 1982, le ZX81 voit naître un petit frère, le ZX... 82, plus connu sous le nom de ZX Spectrum. Rhââââââ lovely, ainsi dirait Gotlieb (cf. Fluide Glacial). Enfin de la couleur là où les concurrents en sont encore à ne faire que du monochrome. Le clavier évolue enfin, un clavier gomme prend sa place. Malheureusement, il ne possède toujours pas un touché extraordinaire.
Avec un prix bien étudié, une distribution par correspondance pour limiter les coûts, les ventes se portent toujours bien auprès du grand public, mais également auprès des professionnels qui développent beaucoup pour cette machine. Le succès faisant, il y avait un délai de près de deux mois pour espérer posséder un ZX Spectrum. Délai, pour certains rédhibitoires, qui les feront se tourner vers d'autres machines disponibles, elles. Victime de son succès, la machine n'évoluera pas énormément, car il était nécessaire de conserver la rétrocompatibilité, or les évolutions de processeurs ne permettaient pas cette

rétrocompatibilité à l'époque. Elle va se faire dépasser technologiquement par la concurrence, ce qui la perdra, et la société avec.

En 1984, Apple fait peur avec son Macintosh et de nombreux fabricants cherchent une parade. Sinclair sort en urgence le Spectrum QL (Quantom Leap – *Bond en avant*). Malheureusement, cette précipitation engendre une mauvaise sortie. La machine a de nombreux bugs. Les personnes souhaitant l'acquérir sont confrontées au drame de la société, les délais de livraison trop importants. Ces délais avaient déjà terni son image avec le ZX Spectrum, ils n'arrangent rien avec le QL. Sir Clive Sinclair va devoir céder en 1986 son entreprise, à son pire ennemi, « l'autre » britannique de l'informatique grand public : Alan Mickael Sugar, qui entre-temps a créé une société à la dent dure dont le logo est un Crocodile et qui également faisait de l'ordinateur à bas coûts : Amstrad.

Émulations du ZX 81 : http://www.zx81.nl/

Matra

Alice – Alice 90

1983, 1985

Figure 21 : Alice

Figure 22 : Alice 90

Alice – 1983 – 1200 F

Constructeur	Matra-Hachette (FRANCE)
Microprocesseur	Motorola MC 6803P à 0,89 MHz (8 bits)
RAM	4 Ko + extension 16 Ko
ROM	8 Ko, BASIC Microsoft
Son	1 voie sur 3,5 octaves
Affichage texte	32x16 en 8 couleurs et vidéo inverse
Affichage graphique	Motorola MC 6847P 64x32 en 8 couleurs 256x192 en 8 couleurs avec extension 16 Ko
Clavier	Type calculatrice, AZERTY 48 touches
Interfaces	RS 232 C Péritel Cassette Bus d'extension

Alice 90 – 1985 – 1500 F

Constructeur	Matra-Hachette (FRANCE)
Microprocesseur	Motorola 6803 à 3,58 MHz (8 bits)
RAM	48 Ko
ROM	8 Ko, BASIC Microsoft
Son	1 voie 5 octaves
Affichage texte	32x16 en 8 couleurs et vidéo inverse
Affichage graphique	Thomson EF 9345 80x25 en 8 couleurs 320x250 en 8 couleurs (sur 16 possibles)
Clavier	Type machine à écrire, AZERTY 56 touches
Interfaces	RS 232 C Péritel Cassette Bus d'extension

En 1983, Matra s'associe avec l'éditeur Hachette pour produire un ordinateur d'initiation sans autre prétention : l'Alice, commercialisée par Matra-Hachette. En fait, contrairement à ce que l'on lit généralement, l'Alice n'est pas totalement un ordinateur français. En effet, suite à un accord Matra-Tandy, il se trouve que l'Alice n'est que l'équivalent du TRS-80 MC 10 de Tandy. C'est bien dommage, Exelvision avait approché la société Matra afin qu'elle fabrique et commercialise l'EXL 100...

Cette machine, peu chère (1200 FF, soit environ 400 € d'aujourd'hui), n'était pour l'époque pas un foudre de guerre face à la concurrence. Elle ne disposait que de 4 Ko, extensible à 20 Ko avec un clavier mécanique façon calculatrice. Ce qui était loin des machines américaines et anglaises par exemple. Le seul « plus » pour l'époque était la robe rouge « pétard » de la bête. Et là, il faut reconnaître l'originalité ! Ça tranche sérieusement avec les habillages gris, brun ou noirs de l'époque. Un petit boîtier (21 cm de largeur), un clavier blanc sur fond noir, ce rouge... Ça permet de se faire remarquer. Mais ce n'est pas suffisant.

Mais voilà le souci : l'ordinateur n'avance pas. Déjà sur le papier, un Motorola 6803 ça ne court pas (ni les rues d'ailleurs), et donc peu de monde est apte à facilement développer pour ce microprocesseur, et les 4 ko de RAM ne l'aident pas, d'autant plus qu'il n'en reste que trois utilisables lorsque l'on souhaite faire du Basic, et 3 Ko de RAM en 1983, c'est bien peu pour faire quelque chose de comparable avec la concurrence. Pourtant le Basic de Microsoft qui, entre-temps, s'est forgé une belle réputation, et est devenu spécialiste de ce langage depuis l'Altaïr, est plutôt pas mal, mais pour cause de ROM insuffisante, c'est vu amputé que plusieurs instructions. Il y aura en 1984 une seconde version identique sur le plan visuel, l'Alice 32 équipé de 32 Ko de mémoire (16 de RAM et autant de ROM), des capacités graphiques légèrement améliorées (ce qui n'était pas difficile). À noter que l'Alice n'avait pas de mode graphique, c'était du pseudo-graphique. Ce qui était acceptable en 1980/81 avec les Sinclair ZX, ne l'est plus en 83, justifiant probablement le four que fut cet ordinateur.

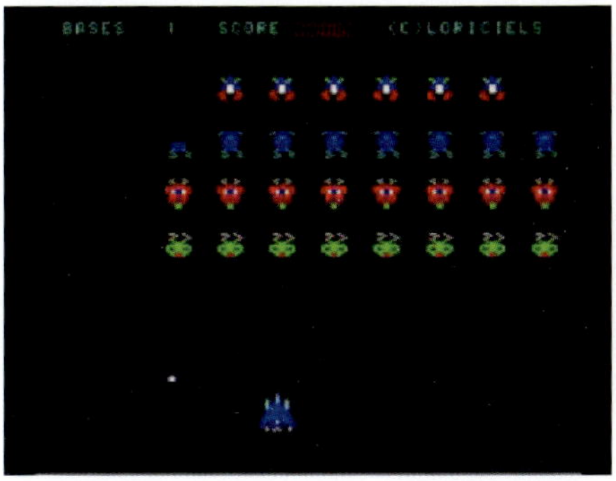

Figure 23 : Galaxion

En 1985, Matra tente de se rattraper et sort l'Alice 90. Machine identique à la précédente, mais avec 48 Ko de RAM, un clavier mécanique ainsi qu'une prise Péritel.
Ce ne fut pas le grand enthousiasme non plus ! Il ne faut pas oublier qu'à cette même époque, les Commodore 64, MSX et autres Amstrad CPC sont déjà sortis avec des caractéristiques techniques autrement plus séduisantes et surtout, ce qui était pour beaucoup dans le succès d'un ordinateur, d'une logithèque abondante. Bref, la courte série des Alice s'arrêtera là !

Émulations de l'Alice : http://alice32.free.fr/

Amstrad

CPC464 – CPC6128 – PCW 8256

1984, 1985, 1985

Figure 24 : CPC 464

Figure 25 : CPC 6128

Figure 26 : PCW 8256

CPC464 – 1984 – 3000 F (moniteur monochrome), 4500 F (moniteur couleur)

Constructeur	Amstrad (Angleterre)
Microprocesseur	Zilog Z80A à 4 MHz
RAM	64 Ko (464 / 664), 42 Ko utilisateur 128 Ko (6128)
ROM	32 Ko, 48 Ko (6128)
Son	PSG AY3-8912 3 voies + bruit, 7 octaves
Affichage texte	20x25 en 16 couleurs sur 27 40x25 en 4 couleurs sur 27 80x25 en 2 couleurs sur 27
Affichage graphique	160x200 en 16 couleurs sur 27 320x200 en 4 couleurs sur 27 640x200 en 2 couleurs sur 27
Clavier	Type machine à écrire avec pavé numérique
Interfaces	Port parallèle 7 bits Port d'extension Lecteur de cassettes intégré (464) Lecteur de disquettes 3 pouces intégré (664 / 6128) Prise RGB pour moniteur dédié Port Joystick type D 9 broches Prise casque
Mise en vente	Juin 1984 (464) Avril 1985 (664) Août 1985 (6128)

PCW8256 – 1985 – 799 €

Constructeur	Amstrad (Angleterre)
Microprocesseur	Zilog Z80A à 4 MHz
RAM	256 Ko
ROM	
Son	Bip !
Affichage texte	92 x 32
Affichage graphique	720x256 en monochrome
Clavier	Type machine à écrire avec pavé numérique
Interfaces	Imprimante matricielle Second lecteur de disquette Écran 13 pouces monochrome vert intégré Lecteur de disquette 3 pouces 170 Ko intégré Lecteur externe Modem
Mise en vente	1986

Quelle lignée ! En 1984, lorsque sort le premier Amstrad Color Personal Computer à cassette, le CPC 464, la société est essentiellement (peu) connue pour ses chaînes Hi-fi e ses magnétoscopes bon marché. Aussi, lorsqu'elle décide de se lancer dans la réalisation de micro-ordinateurs, elle applique la règle qui lui a permis de se faire un petit nom, et va piocher dans des composants fiables et surtout peu chers à défaut d'être nouveaux et/ou performants. Car le génie d'Amstrad est là, le prix : 3000^{F} (soit environ 900 € actuels) pour la version avec moniteur monochrome, 4500^{F} (soit environ 1400 € actuels) pour la version couleur.

Alan Michael Sugar est né dans la banlieue de Londres dans un environnement très modeste. Très jeune il apprend à se débrouiller pour faire entrer un peu d'argent et améliorer le quotidien. Ayant quitté l'école à 16 ans, il travaillera comme statisticien pour le ministère de l'Éducation qu'il quittera pour créer son entreprise d'import/export de composants électroniques à 21 ans. Après l'aventure informatique décrite ici, Amstrad se recentrera dans le secteur des télécommunications, en particulier des décodeurs satellites puis reviendra à ses premières amours avec des systèmes de musique et lecteurs DVD (il avait produit au début des années 80 des chaînes hi-fi et magnétoscopes). Il revendra en 2007 la société à BSkyB qui est un opérateur de télévision par satellite britannique et se lancera sans beaucoup de succès dans la direction du club de Foot de Tottenham. Il a été anobli en 2009 et est devenu Lord Sugar.

Bien qu'en retrait technologiquement sur la concurrence d'alors que sont les Commodore C64 et MSX, les Amstrad ont cet atout financier indéniable. Leur disponibilité dans toutes les grandes surfaces, au même titre qu'un radiocassette participera à son succès. Le prix était en gros aligné sur les autres micros, l'écran monochrome en plus... et ça... ça pesait sur le choix des familles. L'ordinateur n'allait pas accaparer l'écran du salon.

L'histoire de la compagnie anglaise et dirigée par Alan Sugar (né en 1947) démarre en 1968 sous le nom d'AMS Trading puis change de nom pour d'Amstrad (Alan Michael Sugar Trading). En août 1983, lorsqu'Alan Sugar décide de se lancer à l'assaut du marché micro-informatique contre les ténors du moment (Commodore, Sinclair, Thomson, etc.) il souhaite proposer une machine « tout-en-un » : ordinateur, écran, unité de stockage. L'objectif et le leitmotiv étaient de ne pas monopoliser la télé de la famille !
Après avoir tâtonné sur l'architecture de la machine (il y aura un prototype avec 2 CPU MOS 6502 dont un utilisé uniquement pour gérer le lecteur de cassette et le son) c'est une version à base du classique Z80 qui est choisie. Toujours à la recherche des économies, Amstrad n'a sélectionné que le minimum de composants préexistants afin d'éviter de payer des royalties. Ils ont conçu le maximum de choses. Même le Basic qui équipera ses machines n'est pas celui de Microsoft comme la plupart des micros de l'époque, mais sera acheté (en licence globale et pour pas cher) à une petite société anglaise : Locomotive Software, ce qui n'enlève rien à la grande qualité de ce Basic.

Le génie d'Amstrad et son tout premier atout sont de n'avoir pas conçu une machine pour informaticien, mais pour monsieur tout le monde : simple et pas cher. Le second atout réside dans le choix du Z80 qui est très bien connu des informaticiens, et donc facilitera le portage des programmes, et des jeux en particulier. Le troisième atout est d'avoir eu une démarche marketing forte en produisant des machines parfaitement étudiées au niveau impact sur le public. Même les couleurs sur les touches du clavier étaient bien pensées, et tranchaient avec les couleurs tristounettes des autres machines. Aussi, les premières publicités font mouche. D'une simplicité biblique, pas de technique, elles montraient la machine tout-en-un avec son écran avec un prix défiant toute concurrence.
Elles mettaient également en avant la facilité d'utilisation puisqu'une seule prise suffisait pour brancher l'ensemble, rare pour l'époque (et encore aujourd'hui !). Ils ont inventé le plug-and-play (comme le Macintosh d'Apple) avant l'heure.

Le CPC 464 devient un succès énorme avec plus de 2 millions de machines vendues. Le TO7 de Thomson, le C64, bien que meilleurs technologiquement, ne peuvent lutter face à ces prix. Aussi, de nombreux acheteurs qui partaient pour un C64 revenaient avec un CPC 464... au même prix, mais avec le moniteur.

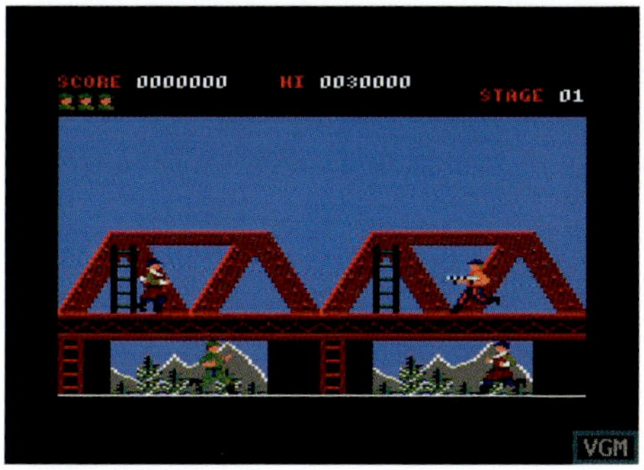

Figure 27 : Green Beret

Avec son expérience de la Hi-fi, Amstrad avait déjà compris l'importance à la fois de la simplicité et de l'esthétique. Bien que fabriqués dans des plastiques de qualité médiocre, les Amstrad étaient colorés ce qui tranchait avec l'aspect austère des micro-ordinateurs de l'époque. L'ordinateur sort du monde des initiés et des bidouilleurs et entre dans l'ère du marketing et du grand public.

En 1985, le CPC 6128 voit le jour. Toujours avec un prix plus que serré (4990^{F} – soit 1450 € d'aujourd'hui), il garde les caractéristiques du 464, mais voit sa RAM enfler à 128Ko et son lecteur de cassette remplacé par un lecteur de disquette 3'' (on va en parler encore longtemps !). Il sera de plus vendu avec un écran couleur (les précédents étaient généralement livrés avec un moniteur monochrome), mais perdre celle du clavier pour lui donner un look un peu plus professionnel. Dire que ce fut un succès serait un doux euphémisme ! Il en eut encore plus que ses prédécesseurs (il y avait également eu un CPC 664, un CPC 464 avec un lecteur de disquette – mais qui ne vivra réellement que 6 mois avant la sortie du 6128) et restera à tout jamais la référence ultime de la marque.

Faisons une parenthèse sur le lecteur de disquette. Il le mérite ! D'aucuns se demandent la raison du choix d'Amstrad, qui jusque-là réalisait des choix technologiques extrêmement classiques, sans originalité, et là... les voilà qui prennent un lecteur de 3'' alors que le standard était de $5^{1/4}$ et tendait vers le $3^{1/2}$. Ce format de 3'' a été inventé par Hitachi et ne sera utilisé en Europe que par Amstrad ce qui impliquera un prix élevé des disquettes. Ce lecteur fut souvent source de bien de critiques.

Un autre aspect dont nous n'avons pas parlé est le BASIC livré en standard sur la gamme. Alors que la plupart des micro-ordinateurs possédaient un BASIC Microsoft, Amstrad une fois de plus joua la différence (pour des questions de prix) en proposant un BASIC d'excellente mouture développé par Locomotive Software. Il fera le succès de nombreux clubs d'initiations à l'informatique qui à cette époque étaient très présents dans les villes.

En septembre 1985, le PC commence à faire son trou, et les micro-ordinateurs se trouvent de plus en plus dans des PME/PMI. Alan Sugar constate que de plus en plus de personnes utilisent le micro pour faire du traitement de texte. Amstrad a donc l'idée de sortir une machine à vocation plus professionnelle, le PCW 8256. La machine d'un prix relativement élevé (6990 F, soit environ 1900 € d'aujourd'hui) pour un micro classique, mais finalement peu cher comparativement aux machines à visées plus professionnelles. Elle était livrée avec un écran monochrome (vert ou orange), lecteur de disquette 3 ½ ainsi que d'une imprimante matricielle monochrome. Afin d'accompagner la bête, une suite logicielle incluant traitement de texte et tableur. Malgré le succès de la machine avec 8 millions de ventes dans le monde, Amstrad ne dégage pas suffisamment de bénéfice. Il existera quelques variantes avec 2 lecteurs de disquettes et une RAM à 512 Ko comme le 8512. Mais l'époque des 8 bits est révolue, et le marché professionnel se tourne vers le compatible IBM.

Également à la source de son succès, les Amstrad intégraient CP/M comme système d'exploitation, standard de l'époque, sur l'ensemble de sa gamme (CPC, PCW). Ce système d'exploitation avait été développé par une figure emblématique de l'informatique Gary Kildall et vendu par Digital Research, société qu'il avait créée avec sa femme Dorothy. CPM a été conçu entre 1974 et 1977, entre autres, pour des processeurs Zylog Z80 et Intel 8080 et servira de base à son concurrent et remplaçant sur PC : MS-DOS !

Faisons une parenthèse... Pour l'anecdote, Gary Kildall aurait pu être le Bill Gates d'aujourd'hui. Il avait été repéré par IBM quand ces derniers allaient sortir le premier IBM PC. IBM étant spécialiste du matériel, mais pas du logiciel du micro-ordinateur, ils recherchaient un système d'exploitation. De plus, en interne, les 'huiles' ne croient pas au PC et lui prédisent un échec. Ils ne veulent pas investir dans le développement de l'OS. Après un premier contact avec Bill Gates, c'est ce dernier qui souffle le nom de Digital Research Incorporated (DRI) à IBM. Microsoft était à l'époque focalisé sur les langages de programmation et ne souhaitait pas se diversifier. CP/M équipait déjà plusieurs micro-ordinateurs et tout naturellement IBM est allé les voir. Malgré leur aura, les ingénieurs d'IBM souhaitent imposer des règles de confidentialité drastiques (et non réciproques) à DRI, racheter et renommer CP/M en PC-DOS. Gary Kildall ne souhaite pas vendre et veut toucher des royalties sur les ventes. Ils ne trouveront pas d'accord, et IBM se retournera vers Bill Gates qui entre-temps a changé d'avis et se dit qu'il se verra bien faire des OS...

mais ceci est autre histoire. Pour information, DRI sera également l'entreprise qui développera l'interface graphique, le GEM, de l'Atari ST, ce qui lui vaudra par ailleurs des histoires avec Apple.

Bref, nos moutons s'ennuient, revenons-y ! Alan Michael Sugar profitera de la vague pour, en mai 1986, racheter une autre firme anglaise emblématique, mais néanmoins ennemie : Sinclair, qu'il s'empressera de couler afin d'éliminer la concurrence.

En France, on estime le succès d'Amstrad à 600 000 machines vendues, chiffre colossal pour l'époque. La France a été un marché particulièrement porteur pour la marque qui a e

Aujourd'hui, avec Apple, Amstrad est la dernière marque de micro-ordinateurs 8 bits qui existe toujours. Avec des objectifs plus modestes, cette société continue de fabriquer des produits innovants (télévisions, appareillage décodeurs satellite, etc.), distribués exclusivement en Grande Bretagne ou elle s'est taillé une solide réputation. Elle fabrique entre autres les décodeurs satellite pour les plateformes payantes de télévision anglaise BSkyB et italienne SkyItalia, toutes deux dans le giron du milliardaire australien Rupert Murdock. Amstrad réalisant tout de même encore de solides bénéfices, elle a été rachetée par le groupe de Murdoch pour 220 millions d'€, ce qui lui assure ainsi la fourniture de ses décodeurs. Au passage, Alan Michael Sugar qui détenait encore 28 % du capital de son entreprise empoche près de 41 millions de £.

Émulations des Amstrad : http://arnold.emuunlim.com/

Atari

400/800, 520 ST(F)

1979, 1985

Figure 28 : Atari 800

Figure 29 : Atari 520

400/800 – 1979 – 549,95 $ (999,99 pour le 800)

Constructeur	Atari (USA)
Microprocesseur	MOS 6502C à 1,79 MHz (6502 pour le 800)
RAM	8 Ko – 48 Max.
ROM	10 Ko
Son	4 voies sur 3,5 octaves
Affichage texte	24x40
Affichage graphique	320x192, maximum 128 couleurs Palette de 256 couleurs
Clavier	Type machine à écrire, QWERTY
Interfaces	Cassette Périphériques série synchrone RF

520 ST – 1985 – 600 $

Constructeur	Atari (USA)
Microprocesseur	Motorola 68000 à 8 MHz + Blitter (16/32 bits)
RAM	512 Ko
ROM	192 Ko et 512 Ko selon version du TOS
Son	Yamaha YF-2192, 3 voies + bruit, 8 octaves Convertisseur Numérique/Analogique 8 bits 12,25 et 50 Hz en stéréo
Affichage texte	40x25 80x25 80x50
Affichage graphique	320x200 16 couleurs sur 512 (STF) ou 4096 (STE) 640x200 en 4 couleurs sur 512 ou 4096 (STE) 640x400 en monochrome (moniteur dédié)
Clavier	Type machine à écrire, pseudo-mécanique
Interfaces	Imprimante (Parallèle) Port Série RS 232 Péritel RGB 2 Ports Joysticks Port cartouche 128 Ko Port disque dur Port modem 2 Prises MIDI séries 2 Prises Cinch (stéréo) sur STE Lecteur de disquettes 3"1/2 de 720 Ko format TOS ou MS-DOS

En 1971, un certain Nolan Bushnell commercialise l'un des premiers jeux vidéo pour borne d'arcade, Computer Space avec lequel il a un certain succès. Les jeux d'arcades étaient des bornes intégrant des jeux vidéo et qui côtoyaient les flippers et autres baby-foot. Afin de le commercialiser, il co-créera la société Syzygy avec 250 $ en poche. Le problème est que ce nom est déjà déposé, aussi, il renomme la société en Atari (nom issu du jeu stratégique japonais : le jeu de GO – dont l'IA avec le Deep Learning vient d'avoir la peau !).

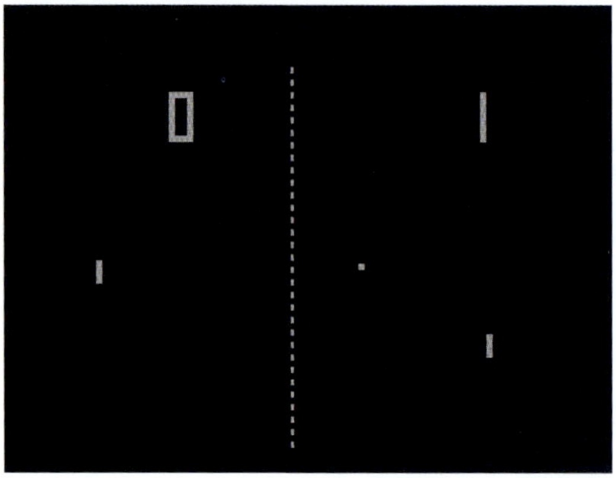

Figure 30: Pong

En réalité, Pong a été inventé par Al Alcorn, jeune ingénieur embauché par Bushnell, et tout frais sorti de son école d'ingénieur de Berkeley.

L'idée de Bushnell est de lui faire faire un jeu de voiture pour borne d'arcade. Le jeune étudiant, encore un peu frais, ne se révèle pas encore assez compétent. Afin de se faire la main, Bushnell l'oriente vers un jeu de ping-pong. Trouvant le jeu très amusant, Nolan décidera de le commercialiser en 1972. Le nom 'ping-pong' étant déjà pris, ce sera Pong !

Une première version console de jeu de salon permettant de jouer sera développée par Al Alcorn, Bob Brown, et Harold Lee et sortira en 1975 (bien que conçue depuis 1973). Elle sera présentée au CES (Consumer Electronic Show) de l'été 1975.

Dans un premier temps, c'est clairement un échec commercial, les réseaux de distribution n'y croient pas.

C'est la société Sears, distributeur comme Wall Mart qui fera le succès de la console. En accord avec Atari, elle passe commande de 150 000 unités pour les vendre à Noël. En échange de cette commande prépayée, ils demandent à être les distributeurs exclusifs. Ce sera un énorme succès qui se traduira par des ruptures de stock.

Le couple console-jeu de Pong sera populaire longtemps (jusqu'au début des années 80), mais bien qu'elle arrive après l'Odyssey, elle a été et sera toujours considérée comme étant l'instigatrice du marché des jeux vidéo. Ainsi démarre la saga Atari !

Figure 31 : Borne d'arcade

En 1973, Pong se vend si bien qu'il rapporte 3,2 millions de dollars, ce qui était énorme pour l'époque. Afin d'avoir une meilleure assise financière, Atari est revendu à la Warner pour la somme de 28 millions de dollars en octobre 1976, mais Bushnell reste aux commandes. Il en profitera pour en sortir la célébrissime, l'illustrissime, la reine parmi les reines : la console de jeux VCS 2600. Cette console va faire connaître le jeu vidéo au grand public et va s'intégrer dans de très nombreux foyers à travers le monde.

En 1975, la société Cyan Engineering travaille sur un prototype de console de jeux, appelée Stella. Ce sont Steve Mayer et Ron Milner qui sont en charge du développement du premier prototype. Le second arrive dans la foulée, développé par Joe DeCuire et Jay Miner, bien connu des fans d'Amiga puisqu'il en est le géniteur. Cyan Engineering est un sous-traitant d'Atari qui récupère le projet, le fait évoluer pour donner LA console.

Grâce au succès de Pong, Atari marche sur l'eau et sort dès Noël 1977 la Video Computer System, renommée en 1982, VCS 2600. Sa principale caractéristique est, comme sa concurrente, la Channel F de Fairchild, son principe de cartouche interchangeable.

Il se vendra près de 25 millions (oui, oui, millions) de consoles jusqu'à la fin de sa production en 1991, ce qui ajoute à ce record de vente, le record de longévité ! La VCS 2600 occupera jusqu'à 80 % du marché des consoles de jeux. Elle marquera une époque essentielle dans l'histoire des consoles de jeux : elle devient un bien « classique », elle fait basculer les consoles de jeux de la case « machines pour géo trouve tout » à la case « jeu de masse ». Ce qui n'était encore qu'un appareil pour initiés, entre dans le salon de Mr et Mme Toutlemonde où elle s'installe durablement.

La politique d'Atari en termes de rémunération était un peu particulière. En

Jay Miner (1932-1994)

Jay Miner est un instable ! Après une formation dans l'électronique, il intègre Berkeley pour une formation sur le génie électrique. Naviguant d'entreprise en entreprise, il se fait embaucher chez Général Micro Electronics où il participera à l'élaboration du fameux processeur MOS 6502 qui équipera nombre de micro-ordinateurs et consoles de jeux.

Atari cherchant à développer des puces, elle débauche Jay Miner pour qu'il s'occupe de concevoir une puce graphique pour la future VCS 2600. Jay Miner souhaite s'investir dans la conception de micro-ordinateur utilisant les nouvelles puces 16/32 bits. Atari qui n'y croit pas lui refuse le budget, Jay Miner s'en va. Il est recruté par Larry Kaplan, un ancien d'Atari qui a fondé la société de jeux vidéo Activision. Dave Morse entrera dans le projet et ce sera la création de la start-up HiToro en 1982, elle sera rebaptisée Amiga Corporation très rapidement.

Il restera dans la société Amiga puis Commodore, à la fin en tant que consultant, jusqu'à sa faillite en avril 1994 et décède d'une insuffisante rénale en juin de la même année.

effet, Atari n'indexe pas les rémunérations des développeurs et autres personnes ayant participé à la réalisation du jeu. Les jeux sont conçus et vendus par Atari, l'anonymat des équipes de développement est de rigueur. Certains protesteront, et créeront, comme Warren Robinett dans le jeu Adventure, le premier Easter Egg, le premier message caché dans un jeu, en l'occurrence ici, il faisait apparaître son nom. À cause de cette politique de rémunération, beaucoup d'employés quittent la société et deviennent indépendants. C'est ainsi que la société Activision de Larry Kaplan est née. Atari ne voit pas ça d'un bon œil et porte plainte contre ces éditeurs de jeux. Atari perdra le procès (ce n'est ni premier le dernier perdu !).
La VCS est la console de toutes les premières. Elle sera également la première console de jeux à posséder des jeux pornographiques, ce qui nuira pas mal à sa réputation !

Malgré tout ça, au début des années 80, Atari représente 80 % du marché des consoles de jeux et vendra pas moins de 120 millions de cartouches dans le monde ! Le vilain petit canard qui coûtait de l'argent à la Warner se met à en rapporter beaucoup, beaucoup. Jusqu'à 50 % des profits du groupe ! Malheureusement, cette proportion va aller en s'effritant de manière permanente. La décennie suivante sera plus compliquée. Mais nous n'y sommes pas encore !

Nolan Bushnell (1943-)

Ingénieur en électronique américain, Nolan Bushnell est dans un premier temps connu pour avoir inventé la première borne d'arcade. Il est ensuite connu pour, si ce n'est de l'avoir inventé, d'avoir commercialisé et fait connaître l'un des premiers jeux vidéo, le Pong (mais ce dernier point est mis à controverse, il écopera même d'un procès perdu). Sont fait d'armes le plus marquant sera la création de la société Atari, grande madame des consoles de jeux, des jeux vidéo qui aura marqué de façon extrêmement importante ce marché ainsi que celui des micro-ordinateurs.

Au-delà d'avoir ouvert le marché de masse à la console de jeux, Atari a également développé une politique d'approvisionnement régulier de jeux en cours d'année, de façon à inciter les joueurs à régulièrement se tenir au fait des sorties et à renouveler sur l'année les jeux. Un pic tout particulier était prévu lors de périodes dictées comme Noël. C'est également alors la naissance de magasins spécialisés dans le jeu vidéo, et pas uniquement centrés sur Atari qui arrivent. Ils ont favorisé son essor, mais précipiteront sa perte lorsque les concurrents vont arriver !

Mais ce qui arrivait au matériel de l'époque leur arriva : la console vieillissait et sa conception commençait à devenir ancienne. La concurrence est arrivée avec des produits récents et de qualité. La richesse de son catalogue était noircie par des titres de mauvaise qualité qui ont commencé à plomber la réputation de la console. C'est le retour de bâton.

En parallèle du déploiement de la VCS 2600, et ce dès 1979, la firme se lance dans la micro-informatique et produit les Atari 400 et 800. Les analystes ne sont pas d'accord pour dire si ce fut une réussite ou un échec... Néanmoins, la société termine en 1981 sur un chiffre d'affaires plus que conséquent de 2 milliards de dollars.
La série des 400/800 annoncés en même temps était prévue pour être une famille de micro-ordinateurs pour les enfants, le 400 était particulièrement dessiné pour les petits avec un clavier sensitif et son port cartouche simple d'utilisation (le 800 le sera par Jay Miner, designer également de l'Amiga). Pour cause de manque de RAM et de clavier moyen, l'Atari 400 a été pris immédiatement comme une console en exploitant son port cartouche compatible avec la console VCS 2600.
L'Atari 800 avait un look plus professionnel avec un clavier mécanique type machine à écrire. Il possédait 2 ports pour des cartouches et surtout une carrosserie amovible afin de lui ajouter jusqu'à 4 cartes d'extension. Le 800 avait des avancées techniques intéressantes comme la présence de nombreux coprocesseurs afin de décharger le processeur principal pour la gestion du son et du graphisme, pour la détection de collision de sprites automatique. C'était une excellente machine... pour jouer, bien que de nombreux périphériques plus ou moins professionnels soient également sortis : pavé numérique, modems, etc. L'année suivante (1980), Atari se voit sérieusement concurrencée par Commodore avec ses Vic 20 et C64. Le marché des consoles de jeux diminue, celui des micro-ordinateurs devient une véritable guerre. Atari n'est plus au sommet de la vague.

L'année 1983 est assez noire. Suite à la chute du marché du jeu vidéo et au demi-succès (échec) des 400 et 800, Atari affiche une perte de 532,6 millions de dollars, soit près de 1,5 million de dollars/jour. L'entreprise est éparpillée dans 80 buildings différents dans toute la Silicon Valley (sans compter les bureaux et les usines à l'étranger) et coûte cher à entretenir. La Warner décide alors de revendre Atari. La légende veut que Jack Tramiel rachetât Atari car voyant l'excellente santé de Commodore, il s'ennuyait ferme et voulait relever un nouveau défi. En juillet 1984, Jack Tramiel alors directeur de Commodore accompagné de plusieurs collaborateurs, se retrouve chez Atari qu'il rachète pour 240 M$.

L'une de ses premières décisions sera de relancer la VCS 2600 en la vendant à 50 $. Ce prix dérisoire lui permettra de perdurer jusqu'en 1991 où sa fabrication sera arrêtée. Cette décision commerciale de faire perdurer la 2600 va être terrible et plomber le développement de la 7800. Tramiel ne croit pas aux consoles et le krach de 1984 va le conforter dans cette décision. C'est également à cause de Tramiel qu'Atari refusera de distribuer Nintendo sur le sol américain. Tramiel met le paquet sur les micro-ordinateurs et sortira l'excellent Atari STce qui aura comme conséquence de retarder (encore !) la sortie du 7800 de deux années. Ce choix sera fatidique à la console, et certainement à Atari dans le domaine des consoles de jeux.
Paradoxalement, c'est le succès de Nintendo qu'il avait refusé de distribuer qui déclenche un revirement de stratégie de Tramiel. Lors de la sortie en 1986 de la 7800, la concurrence, Nintendo et SEGA en tête ont pris pieds sur le marché et trustent 99 % des

ventes de consoles, sans compter que les deux années de placard de la console ont fait dater ses spécifications techniques, et l'avance du départ n'existe plus.
La qualité de la console de jeux fait que néanmoins, elle arrive à se faire un succès d'estime, aidée par un prix attractif et des jeux de qualité. Elle sera arrêtée en 1991... en même temps que la 2600 !
Lors de son rachat, Jack Tramiel a mis au boulot un de ses collaborateurs qui l'a suivi de chez Commodore, de l'avis des spécialistes... un génie : Shiraz Shivji. Avec son équipe, il va concevoir en 6 mois un ordinateur resté dans beaucoup de mémoires : le 520 ST. Il est à noter que cet ordinateur aurait tout aussi bien pu être l'Amiga. En effet, Jack Tramiel avait tenté l'été 1984 de débaucher l'équipe d'une petite entreprise appelée... Amiga et qui travaillait déjà sur ce qui allait être l'ordinateur des années 80. C'est à cause de cet échec que Shiraz Shivji réalisa avec succès le ST.

C'est en février 1985, au CES (*Consumer Electronic Show*) de Las Vegas, la grand-messe annuelle de la micro-informatique avec le CeBit de Hanovre, où, comme beaucoup d'autres machines avant lui, le 520 ST, surnommé le Jackintosh, (le Macintosh de Jack !) est présenté au public : interface graphique, souris, graphismes en haute résolution, son de qualité, bref, la réplique d'Atari au Macintosh d'Apple. Il est vendu 9500^{F} (soit environ 2 500 € d'aujourd'hui), avec le lecteur 3½ externe simple face, 512 Ko de RAM, le TOS (*Tramiel Operating System* - le système d'exploitation de la machine), le GEM (*Graphical Environment Manager* de Digital Research Inc., surcouche graphique initialement prévue pour le DOS) sur disquette et un moniteur monochrome.
En février 1986, les 520 STF (au prix de 4000$^{F)}$ et 1040 STF (élu ordinateur de l'année) sont lancés sur le marché français en gommant les principaux défauts du 520 ST : le TOS est en ROM, le lecteur de disquette et l'alimentation sont intégrés dans l'unité centrale.
Le 1040 STF est le premier ordinateur équipé d'un méga-octet de mémoire à moins de 10.000 F. Révolution, l'octet vaut désormais moins d'un centime !

Fin 1986, Atari n'a plus de dettes et entre en Bourse de New York. L'introduction est une réussite puisque l'action passe en 3 mois de 11,5 $ à 27 $. Le chiffre d'affaires de la société est à cette époque de 258 millions de dollars.
En 1987, plus de 500 000 ST sont vendus dans le monde (dont 50.000 rien qu'en France).
En 1988, Atari pèse 362 millions de dollars de chiffre d'affaires et la barre des 100.000 ST vendus en France est dépassée.
Cette année-là, sort également le STE, évolution du STF. Le nombre de couleurs disponibles passe à 4096 (mais la résolution ne change pas), les aptitudes sonores se voient renforcées, mais restent toujours en deçà de celles de l'Amiga 500 pourtant de conception plus ancienne (1984). Le manque de coprocesseur graphique fait également défaut.
Ces choix contestables ont été réalisés à l'époque afin de garder une compatibilité avec le parc existant. L'autre explication (la plus réaliste ?) est qu'à cette même époque, la majorité des personnes ayant travaillé sur le ST sont débauchées par des sociétés comme IBM ou la récente NeXT (issue elle-même d'Apple), privant Atari de sa matière grise. Ceci

expliquerait les retards au niveau technique, mais également au niveau du développement de logiciels et qui amèneront Atari à sa perte.

Malgré le succès déclenché par ces machines et contrairement au Macintosh, les professionnels (si ce n'est auprès des musiciens, nous y reviendrons plus tard) n'accrochent pas. Ce non-succès professionnel s'explique par le GEM. En effet, ce dernier ne peut rivaliser avec le MacFinder du Mac, ni par sa beauté, ni par sa simplicité. Un certain nombre de fonctionnalités ont par ailleurs été retirées du projet du GEM initial, Apple menaçant DRI de procès pour plagiat. De plus, de nombreuses personnes reprocheront à l'Atari son aspect monobloc à l'esthétique jugée peu professionnelle.

Le seul domaine professionnel (hormis peut-être un peu la PAO) où le ST s'est largement imposé est celui de la musique. Le circuit sonore (Yamaha YF-2192) était compatible avec la référence de l'époque, à savoir les processeurs sonores General Instruments AY-3-8912. Le ST s'exprimait avec 3 voix sur 8 octaves, ce qui était très bien pour l'époque, bien qu'inférieur aux capacités de l'Amiga. Mais surtout, Atari a investi les studios d'enregistrements et studios personnels grâce à deux extraordinaires logiciels CuBase et Pro24. L'excellente idée d'avoir une interface Midi (*Midi In* et *Out*) en standard a permis son développement dans beaucoup, si ce n'est la plupart des studios d'enregistrement musicaux (les autres étaient équipés de Macintosh).

Mais le mal est fait. Malgré les 2,5 millions d'unités de ST/STE vendues, la sortie de la gamme Mega ST puis le TT avec un clavier séparé (plus professionnel), plus de mémoire (jusqu'à 4 Mo en standard), un processeur Motorola 68030/68 882 cadencé à 32MHz et de nouvelles résolutions ne permettront pas à la firme de remonter la barre. Le monde professionnel se dédie de plus en plus au PC, ce qui ferme cette porte à Atari.

En parallèle, Atari sortira le Portfolio (plus petit PC du monde à l'époque) ou des Falcons (évolutions plus professionnelles de la série ST) n'y feront rien. La société perd de l'argent. Beaucoup d'argent. Les revendeurs se font de plus en plus rares, les magazines parlant des machines Atari cessent de paraître, Atari disparaît petit à petit des médias écrits, ce qui n'est jamais bon signe.

En janvier 1996, l'action Atari ne pèse plus que 2 dollars et se fera racheter par Hasbro, elle-même rachetée par l'éditeur de logiciel français Infogramme. Mais la messe est dite ! Atari a vécu. Atari est mort. Heureusement, de nombreux groupes de par le monde continuent à faire vivre le mythe en continuant à développer sur et pour ces « vieilleries ».

Émulation du 800XL : http://atari800.sourceforge.net/

Émulation du 520 STF : http://steem.atari.st/

Spectravideo

SV-318/328

1983

Figure 32 : Spectravideo - SV-328

SV-318/328 – 1983 – 299 $ (200 $ pour le 328)

Constructeur	Spectravideo (USA)
Microprocesseur	Zilog Z80A à 3,579 MHz (8 bits)
RAM	32 Ko (318), 64 Ko (328), 16 Ko pour la vidéo
ROM	32 Ko
Son	General Instruments AY3-8910, PSG 3 voies 8 octaves
Affichage texte	40x24 caractères mixtes Maj/min
Affichage graphique	256x192 en 16 couleurs, 32 sprites monochromes
Clavier	En gomme, 68 touches avec fonctions et édition
Interfaces	Bus d'extension Deux prises joysticks DB 9 Port cartouche Sortie vidéo RVB (version française)

La société Spectravideo a démarré ses activités en 1981 dans la réalisation (pas sous-traitance dans un premier temps) de jeux pour les consoles de jeux Atari VCS 2600 en Colevision. On lui doit également le Quickshot II, probablement l'une des premières manettes de jeux réellement ergonomiques. Ahhhh, les parties d'Epic Summer & Winter Games avec, et le mode turbo pour les tirs automatiques sur les jeux de shoot-them-up.

Après avoir touché du jeu vidéo, la société se diversifie en fabriquant des périphériques pour les consoles de jeux afin les transformer en micro-ordinateur (clavier, lecteur de cassettes, etc.).

En 1983, forte de son expérience en particulier avec la ColecoVision, la société se lance dans la réalisation d'un micro-ordinateur appelé SV-318, qui sera choisi plus tard pour être la base du standard MSX. La série 318/328 est communément qualifiée de pré-MSX.

Les 318 existeront en deux versions appelées MK-I et MK-II et se distingueront des autres ordinateurs de l'époque par un joystick amovible intégré sur le boîtier. Les prédispositions de Spectravidéo pour la fabrication de périphériques et la modularité se font sentir. Les 328 également en deux versions MK-I et MK-II sont des 318 avec 64 Ko de RAM, mais sans le joystick.

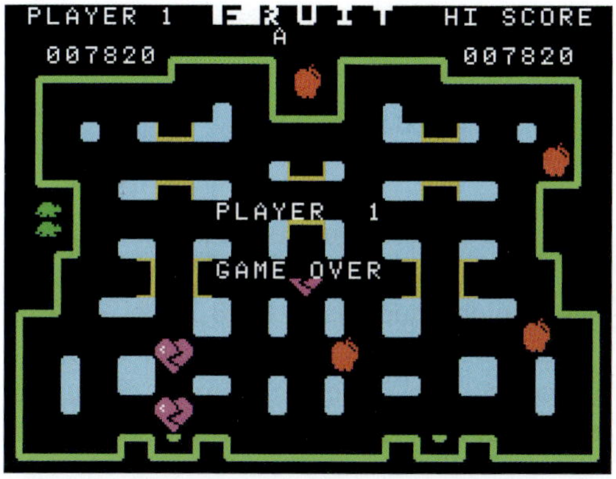

Figure 33 : Telebunny

Mais finalement, pourquoi parler de Spectravideo ? Ce n'est pas que la société a marqué l'histoire de l'informatique avec les SV 318/328, mais parce que dans la foulée de la sortie du 328, Spectravideo s'est rapproché de Microsoft. Enfin, c'est plutôt l'inverse. Microsoft qui souhaitait pénétrer le marché japonais s'est rapproché de Spectravideo pour créer le standard MSX. Ce sera la première tentative de création d'un standard informatique au niveau matériel.

Il existera également un SV 728 (1984) qui, sur les bases de ses prédécesseurs, sera lui un MSX, le premier de Spectravidéo, et un SV 738 qui sera une version améliorée du MSX. Il sera qualifié de MSX 1.5 (le seul), car il intégrait déjà le coprocesseur graphique Yamaha que l'on retrouvera sur les MSX II. Son lancement en 1985 fera qu'il sera un flop sauf pour certains bidouilleurs qui ont mis à profit la richesse du catalogue de périphériques produits par la société.

Tandy

TRS-80 Modèle 1, TRS-80 Color Computer 2

1977, 1983

Figure 34 : TRS 80 - Modèle 1

Figure 35 : TRS-80 CoCo

TRS-80 – 1977 – 599 $

Constructeur	Tandy / Radio Shack (Canada)
Microprocesseur	Z80 à 1,77 MHz
RAM	4 Ko
ROM	4 Ko
Son	1 voie
Affichage texte	32x16 en 9 couleurs
Affichage graphique	128x48
Clavier	55 touches, Qwerty
Interfaces	Péritel Série RS232C Cassette Joysticks Port cartouche

TRS-80 Color Computer 2 - 1983 – 399 $

Constructeur	Tandy / Radio Shack (Canada)
Microprocesseur	Motorola 6809 à 0,894 MHz
RAM	64 Ko
ROM	16 Ko (Basic Microsoft)
Son	1 voie, convertisseur sur 6 bits
Affichage texte	32x16 en 9 couleurs
Affichage graphique	Chipset Motorola 6847 128x192 en 4 couleurs 256x192 en 2 couleurs maximum
Clavier	55 touches, Qwerty
Interfaces	Péritel Série RS232C Cassette Joysticks Port cartouche

La société Hinckley-Tandy Leather Company est une entreprise de fabrication d'articles en cuir créée en 1919 par Norton Hinckley et Dave L. Tandy. La Seconde Guerre mondiale passant par là, la société se trouve en difficulté financière. Le fils de Dave L Tandy renomme la société en Tandy et trouve une idée qui régira la politique de la société : elle se met à vendre des articles de cuir à fabriquer soi-même. Plus tard, elle vendra de l'électronique et des articles électroniques à fabriquer/assembler soi-même et deviendra leader sur ce marché.

Radio Shack a été créée en 1921. C'est à l'origine une chaîne américaine de magasins vendant des composants électriques et électroniques. Elle fera son premier catalogue en 1940 et se spécialise dans le matériel Hifi. Dès 1954 elle commence à fabriquer du matériel sous le nom de Realistic puis Réaliste. Elle possède alors 9 magasins Radio Shack comptera jusqu'à 6000 magasins en 2003 rien qu'aux USA).
Mais les années 60 sont difficiles. En 1963, Charles Tandy, le fils du fondateur voit en Tandy du potentiel pour la vente d'électronique grand public. Il rachète Radio Shack pour 300 000 $ et deviendra l'un des plus gros producteurs et distributeurs de radios aux USA.

Dans les années 70, Tandy se lance dans les calculatrices programmables. Voyant le succès rencontré par les premières machines que sont l'Apple I et l'Altaïr (en kit), Tandy sent venir le souffle de la micro. Les cerveaux de la société s'agitent et en 1977, Don French et Steve Leininger conçoivent un des tout premiers micro-ordinateurs qui fera date : le Tandy Radio Shack 80 alias le TRS-80. Contrairement à ce qui existait déjà comme l'Altaïr, le TRS-80 n'était pas livré en kit, mais bel et bien assemblé, testé et prêt à fonctionner et au prix de 599 $ (soit environ 2 000 € d'aujourd'hui) avec un lecteur de cassette et une petite imprimante matricielle. Il sortira le 3 août 1977. Tandy fait partie du groupe des pionniers et même probablement le pionnier lorsqu'on parle de diffusion massive d'ordinateur, Apple à cette époque n'était pas dans cette optique.
La machine possède un bon vieux Z80, le même qui équipera tant de micros du début des années 80, 4Ko de RAM dans sa première version. Le système d'exploitation était TRSDOS mais la machine a reçu d'autres OS, ainsi, une version de CP/M a par exemple été adaptée

Tandy pensait vendre près de 1000 machines la première année et en fit fabriquer 3000, correspondant au nombre de magasins TANDY aux USA à l'époque. Le plan B si ça ne se vendait pas était de les recycler en calculatrice pour la comptabilité ! Il s'en vendra 200 000 en 4 ans (dont 10 000 le premier mois) ce qui pour l'époque est remarquable au regard de l'inconnue que représentent encore les micro-ordinateurs à cette époque. Il ne faut pas oublier que nous n'en sommes alors qu'aux balbutiements de la micro-informatique. Au-delà de la nouveauté et des caractéristiques intrinsèques de la machine, il est à noter que le succès n'est probablement pas étranger au réseau de magasins Tandy qui du coup disposait de nombreux points de ventes avec des conseillés sensibles au domaine.

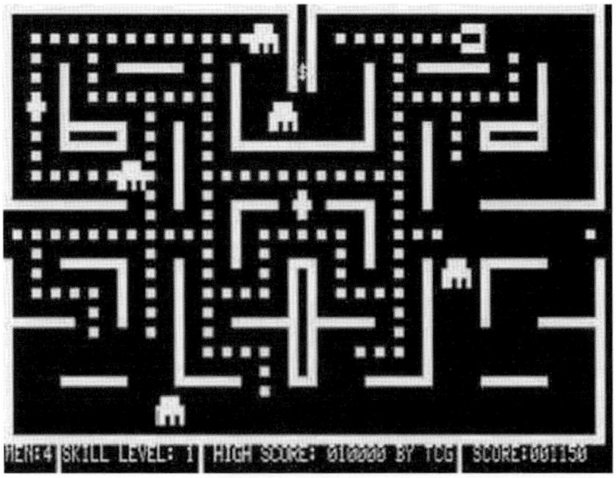

Figure 36 : Scarfman

Plusieurs évolutions du premier modèle sortiront dont en particulier le TRS-80 Color Computer alias le CoCo basé sur un Motorola 6809E et se balançant à la vitesse foudroyante de 0.894 MHz. On remarquera qu'à cette époque on est précis dans la fréquence, peut-être parce qu'en étant bon, on pouvait voir le quartz s'agiter ! Alors que généralement les marques restent fidèles, il est à noter, et c'est assez rare, que Tandy a changé de fournisseur de microprocesseur en évoluant dans sa gamme lors du passage à la couleur. Il y aura d'autres versions du TRS (modèle II, III, IV) qui corrigeaient certaines erreurs, en partie esthétiques (ce qui valut au TRS 80 modèle 1 le doux surnom de Trash-80), mais également liées à la RAM et l'affichage graphique. Et bien que TANDY soit le chaînon manquant entre les micro-ordinateurs en kit et les premiers micro-ordinateurs, ait été leader sur ce créneau jusqu'en 1982, ses machines ne pouvaient évoluer aussi vite que celles proposées par la concurrence qui proposait de vraies ruptures technologiques. Il est à noter que de nombreux clones viendront également asseoir la renommée de la machine : on ne copie que ce qui est bien. Enfin... espérons-le !

Tandy fera également des portables (TRS-80 model 100 Portable Computer) et se fourvoiera également parmi les premiers pour réaliser du compatible PC (Tandy 1000 dès 1984). Elle y aura un succès d'estime, mais pas suffisant pour dégager du bénéfice. Après un rachat à la fin des années 80, Tandy va recentrer ses activités sur l'électronique et prendra le nom de RadioShack. Faut-il y voir une chute de son image de marque, mais, la société sponsorisera l'équipe cycliste de Lance Amstrong lors de sa fin de carrière et déposera définitivement le bilan en 2015.

Émulation de TRS-80 : http://www.vavasour.ca/jeff/trs80.html

Exelvision

EXL-100, EXELTEL

1984, 1985

Figure 37 : EXL-100

EXL-100 - 1984

Constructeur	Exelvision (FR)
Microprocesseurs	Texas Instruments TMS 7041 et TMS 7020 (graphismes) à 4,91 MHz
RAM	34 Ko extensible à 290 Ko
ROM	38 Ko
Son	Synthétiseur de paroles en Français
Affichage texte	24x40 caractères
Affichage graphique	TMS-3556 320x250 en 8 couleurs
Clavier	En gomme ou pseudo-mécanique, AZERTY liaison infrarouge
Interfaces	Liaison infrarouge, joysticks et clavier Cassette Péritel Bus d'extension

Au cours d'une restructuration chez Texas Instruments (TI)-France en 1983, trois employés (Jacques Palpacuer, Christian Petiot et Victor Zebrouck) décident de se (re-) lancer dans un projet sur lequel ils avaient travaillé et qui avait été abandonné par TI une fois leur décision prise de se retirer du marché des micros après l'épopée du très bon TI 99/4.

Le projet, qui au départ, était un simple passe-temps pour ces trois hommes, a démarré dans les années 1979/1980. L'objectif était d'imaginer une machine 8 bits (alors que TI ne jurait déjà que sur le 16 bits) peu onéreuse, efficace, originale et par-dessus tout, modulaire. Ce qui au départ n'était qu'une blague est devenu au fil du temps une réalité : une telle machine est possible à faire. À partir de ce moment, la blague devient un enjeu, et les trois hommes passent la majeure partie de leur temps (WE et vacances compris) à travailler sur ce projet.

À partir de février 1982 et jusqu'en janvier 1983, des négociations sont en cours avec Matra, négociations qui n'aboutiront pas, Matra signera avec Tandy-Radio Shack pour donner l'Alice avec l'insuccès mérité que l'on connaît.

Une lettre au ministre de l'Industrie donnera un sérieux coup de pouce. Une société appelée CGCT (Compagnie Générale de Constructions Téléphoniques) et spécialisée dans la fabrication de téléphones venait d'être nationalisée et cherchait à se diversifier. En 1983, c'est la naissance de la société Exelvision et le déménagement d'un garage vers le parc scientifique de Sofia Antipolis, dans l'immeuble Ophira. Exelvision qui n'avait pas assez de moyens dans un premier temps pour réaliser la fabrication le fera faire par la CGCT. La jeune société se chargera des aspects recherche, développement et marketing des produits.
À partir de ce déménagement, la société travaille sur la version définitive du bébé, l'EXL-100. Ils en profitèrent également pour évoluer en termes de moyens humains puisque la société est composée de 12 ingénieurs dès 1984.

En 1983 toujours, les banquiers sont enfin convaincus que cette petite société associée avec la CGCT peut faire quelque chose, aussi, les investisseurs se frottent-ils les mains lorsque la version définitive de l'EXL-100 est prête. C'est une bonne machine peu chère et pleine de trouvailles comme le synthétiseur vocal, les commandes infrarouges, etc.

Exelvision profitera de son emplacement à Sofia Antipolis pour travailler avec les acteurs locaux. De là sortira par exemple une version arabisée réalisée avec l'aide de « l'Institut National de Recherche en Informatique et Automatique » (INRIA). Cette version recevra l'agrément de la Ligue Arabe.

Dès le départ, Exelvision rencontre de nombreux problèmes – ce sera malheureusement le leitmotiv de la société - liés à la lourdeur de son associé : la CGCT. Ils ne pouvaient pas réagir rapidement aux nécessités liées à la concurrence. Jacques Palpacuer, PDG, décida de racheter les parts à la CGCT afin d'être majoritaire et libre de ses décisions.

Lorsque l'EXL-100 est lancé en décembre 1984, il fait l'effet d'un pétard mouillé ! La couverture médiatique est faible et les échos sont injustement mitigés. Seuls quelques magazines spécialisés comme Tilt, 01Informatique ou Hebdogiciel (le Charlie Hebdo de l'informatique avec les excellents – bien qu'orientés – dessins de Carali, frère d'Edika, dessinateur à Fluide Glacial).

L'EXL-100 arrive sur un marché très concurrentiel. De nombreuses grandes surfaces décident de ne pas le mettre dans les rayons afin de laisser la place aux CPC 464 d'Amstrad, C64 de Commodore et autres MSX ou Thomson qui déferlaient sur le marché. Thomson voyant un concurrent français ira même jusqu'à faire pression, entre autres, sur la FNAC, afin qu'ils ne mettent pas en vente d'EXL-100 dans les linéaires. Ils iront jusqu'à les menacer de ne pas leur fournir de machine Thomson s'il le faisait. Les TO7/MO5 ayant été sélectionnés pour le PIT (Plan Informatique pour Tous), la FNAC ne pouvait pas ne pas proposer ces machines.

Un malheur n'arrivant jamais seul, les grands éditeurs également ne se bousculent pas. Michel Motro, PDG de Vifi-Nathan, ne désire pas développer pour Exelvision, la raison invoquée : « Exelvision est mort !".

La vérité est que Michel Motro, auparavant le supérieur de Jacques Palpacuer chez TI-France, lui vouait une certaine inimitié. Il n'a pas accepté de voir un de ses employés réussir en proposant une société innovante qu'Exelvision.

Lors du PIT Au départ, et sous les pressions, Gilbert Trigano, responsable de la sélection des machines, ne reçoit pas le PDG d'Exelvision. La machine n'a même pas été étudiée dans le dossier d'appel d'offres. Il est à noter l'étrangeté de donner au fondateur du Club Med cette responsabilité, ne connaissant rien à ce domaine.

Jacques Palpacuer furieux prit 10 micro-ordinateurs, monta à Paris et les installa sans autorisation dans une salle du PIT puisqu'il avait été dit que les ordinateurs français devaient avoir la priorité. Il fit un tel remue-ménage que les responsables cédèrent et virent la démonstration. En réalité, ils avaient plus peur de leur image si étaient portées au grand public les conditions d'attribution du marché à Thomson récemment nationalisé.

Le ramdam ne fut pas vain, et l'EXL-100 reçut l'agrément qui se conclura par 9000 unités vendues dans des lycées, et particulièrement dans ceux du sud-est (Sophia-Antipolis oblige).

D'un point de vue technique, l'EXL-100 n'est pas exsangue de défaut. En premier lieu, le choix du processeur. Les seuls à l'utiliser. Non pas qu'il était mauvais, mais sa programmation était complexe et les développeurs n'en connaissaient pas tous les rouages. Ils étaient plus habitués à l'époque aux Zilog ou CMOS. Ce sera un frein supplémentaire. De plus, les bonnes idées telles que le clavier et les manettes infrarouges n'étaient malheureusement pas totalement abouties, consommaient pas mal de piles et demandaient d'être très précis dans leur orientation vers le capteur infrarouge. À noter qu'Exelvision a probablement inventé le concept de clé USB avec l'EXEL Mémoire, une carte CMOS de 16 à 64 Ko avec une pile permettant de stocker des programmes de manière instantanée, et de par son format cartouche, de se déplacer pour aller transférer son travail sur un autre EXL-100. À cette époque, la société sortit également un double lecteur de disquette 3½, qui n'était pas encore un standard ; le choix se révéla excellent.

Figure 38 : Tennis

En 1985 la seconde et dernière machine (pas tout à fait, mais la seule à avoir été un peu vendue) de la société sort : l'EXELTEL. C'est la grande période de la télématique avec le minitel. Cette machine est équipée d'un modem V23 intégré permettant de l'utiliser comme minitel couleur évolué et comme répondeur téléphonique ; plutôt original et audacieux pour l'époque.

Le BASIC a été amélioré gommant les quelques défauts de la version précédente. Il est livré en standard avec un clavier mécanique (toujours infrarouge, mais qui pouvait être relié par un câble à la machine pour plus d'efficacité !) alors que la version précédente l'était avec un clavier gomme (le clavier mécanique était en option).

Comme cela commençait à se faire, des serveurs de téléchargement commençaient à se faire connaître et mettaient à disposition des utilisateurs (avec éventuellement abonnement) des programmes en téléchargement. Il existait un serveur qui permettait ainsi de récupérer près de 500 programmes librement. En parallèle, des revues spécialisées comme la très bonne et célèbre « Excellement Vôtre » voyaient le jour.

Malheureusement, la logithèque n'était pas à la hauteur, tant en quantité qu'en qualité, et peu à peu, les machines Excelvision disparaissent des rayonnages, des revues, etc. C'est le début de la fin pour Excelvision qui mettra la clé sous la porte en 1991.

Émulation de la famille Exelvision http://dcexel.free.fr/

Oric

Oric-1 – Oric Atmos

1983, 1984

Figure 39 : Oric-1

Figure 40 : Oric Atmos

Oric-1 – 1982 – 129 £

Constructeur	Tangerine/Oric (Angleterre)
Microprocesseur	MOS 6502A à 1 MHz
RAM	Versions 16 Ko ou 48 Ko
ROM	16 Ko
Son	AY-3-8912 6 octaves, 3 voies + générateur de bruit
Affichage texte	40x25
Affichage graphique	240x200 en 8 couleurs
Clavier	Type calculatrice, 57 touches
Interfaces	Port parallèle 8 bits Port d'extension 34 broches Cassette et E/S son DIN 7 broches Prise RGB DIN 5 broches RF

Oric Atmos – 1984 – 169 £

Constructeur	Tangerine/Oric (Angleterre)
Microprocesseur	6502A à 1 MHz
RAM	48 Ko
ROM	16 Ko BASIC Effets sonores préprogrammés
Son	AY-3-8912 PSG 7 octaves, 3 voies + générateur de bruit
Affichage texte	40x28
Affichage graphique	240x200 en 8 couleurs
Clavier	Type machine à écrire, Qwerty 57 touches
Interfaces	Port d'extension 34 broches Cassette et E/S son DIN 7 broches Port Imprimante Centronics Prise RGB DIN 5 broches RF

C'est au Royaume-Uni que nous allons en 1979 où le Dr Paul Johnson et Barry Muncaster s'unissent pour créer la société TCS (*Tangerine Computer Systems*) près de Cambridge en Angleterre. Le succès de Sinclair avec son ZX80 et surtout le ZX81 laisse à penser aux dirigeants un avenir pour les micro-ordinateurs. En 1982, ils créent la branche Oric Products International (Oric est l'anagramme des 4 dernières lettres de micro, le M s'étant perdu en route) dont l'objectif la création de l'Oric-1. Elle utilisera pour cela le savoir-faire de la société Tangerine dans le domaine des calculateurs (le Microtran 65). L'objectif affiché publiquement est de battre la société Sinclair sur ses terres : le prix. Peter Harding dira d'ailleurs « nous allons battre Sinclair en offrant beaucoup plus pour beaucoup moins cher ». Son prix était de 129 £ (soit environ 300 € de nos jours) : clairement l'ennemi est le ZX Spectrum.

Le concept de base de l'Oric est de créer un ordinateur de bureau capable d'être relié au service télématique britannique Prestel. Tiens... ça fait penser au concept d'une machine française l'EXELTEL d'Exelvision.

La création de l'Oric est basée sur un projet avorté, un calculateur de 1981 de la société Tangerine, le Microtran 2. Celui-ci devait intégrer un processeur Zilog Z80, un Motorola 6809 pour gérer les E/S, les disques, et les impressions et CP/M pour le système. Une autre puce était chargée du graphisme. L'Oric-I sortira en 2 versions, 16 Ko et 48 Ko avec un processeur 6502.
Les financiers voulant viser plus large souhaitent que la machine d'Oric ne soit pas uniquement une machine de bureau, mais soit plus grand public.
En janvier 1983, la machine sort des usines britanniques de Oric Products International, un BASIC Microsoft modifié et bogué (!) par Tangerine en standard. Selon son jeune PDG de 34 ans, Peter Harding, 200 000 sont en précommande.

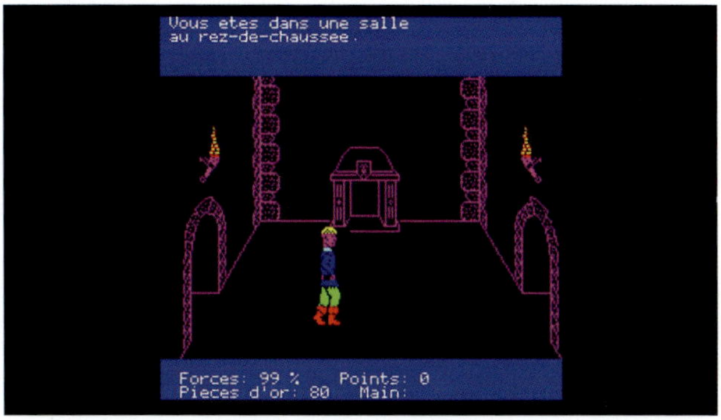

Figure 41 : L'aigle d'Or

Au cours de l'année 1983, l'Oric-I s'est vendu à 160 000 exemplaires (bien moins que prévu) pour un chiffre d'affaires estimé à 25 millions de £. En tout, ce sont 160 000 Oric-1 vendus au Royaume-Uni auxquels s'ajoutent 50 000 exemplaires en France. Dès le début de l'année 1984, il est remplacé par l'Oric Atmos. Celui-ci légèrement plus rapide, doté de

48 Ko, corrige beaucoup de bogues de son grand frère. Malgré tout, il conserve la gestion calamiteuse du lecteur de cassettes de son aîné ; la détection d'erreurs de lecture en est la cause – cette théorie est contredite par les dirigeants mêmes d'Oric qui arguaient que le problème venait de la piètre qualité de duplication des cassettes. Une fois les ROM corrigées (V1.1). L'Atmos connaîtra un grand succès au cours de l'été 1984. Une société qui comptera beaucoup dans les micros 8 bits, la société Loriciel, sortira l'Aigle d'Or (les possesseurs de machines Amstrad et Thomson connaissent bien également). Ce jeu participera sans doute au succès de l'Atmos.

À cette époque, il sort 10 000 Atmos par mois des usines Oric. Il se voit épaulé par de nombreux périphériques (synthétiseur vocal, microdrive, carte d'extension à 3 connecteurs, etc.). Le chiffre d'affaires prévu s'élève à 45 millions de £. Néanmoins, ce sera le début de la fin pour la société Oric endettée jusqu'aux oreilles (près de 4 millions de £ ! !). Ainsi, Oric doit (entre autres) 120 000 £ à Pan Books, éditeur du manuel de l'Atmos. Il est à noter que dès le début, Tangerine a eu de bonnes relations avec la France, renforcée par le succès de l'Oric sur notre sol, et de nombreuses collaborations ont existé.

En novembre 1984, 3 projets d'Oric sont annoncés : le Stratos, un compatible PC (sic !) à base de 8086 et enfin un portable, également à base de 8086.
Le Stratos sera présenté le 1er février 1985 au salon informatique de Francfort, mais le lendemain, les banquiers lâchent Oric Products International qui fait faillite. Elle est rachetée par la société française Eureka qui fera évoluer la gamme jusqu'en 1986.

Bien qu'ayant étudié les problèmes de ses concurrents sur le marché anglais (BBC d'Acorn, Sinclair), Oric a reproduit les mêmes erreurs en ne s'assurant pas de l'approvisionnement des différentes pièces composant la machine. Ainsi, après avoir mis en vente la machine par correspondance, ce sont près de 30 000 chèques qui se sont vus refusés pour cause de ROM non livrées dans les temps. La gestion des périphériques était également calamiteuse avec de nombreux soucis, obligeant les utilisateurs à jouer du fer à souder. Durant ce temps, là, les responsables se voyaient beaux, et roulaient en grosse cylindrée.

Émulation de l'Oric : http://oric.free.fr/emulator.html

NeXT

Cube - NeXTStation

1986

Figure 42 : Cube

Cube – 1986 - 9995 $

Processeurs	**Motorola CPU 68030 à 25 MHz (32 bits)** **FPU 68882 à 25 MHz** **12 canaux DMA**
RAM	8 Mo extensible à 16 Mo (8 supports SIMM 30 broches) avec ou sans parité Temps d'accès de la mémoire : 80 à 100 ns
Son	Processeur digital temps réel (DSP) Motorola 56 001 à 25 MHz. 24 Ko de RAM extensible à 576 Ko par SIMM SRAM Convertisseur Analogique -> Digital 8 bits 8KHz. Entrée via le microphone Convertisseur Digital -> Analogique 16 bits 44.1KHz. Sortie via jack 0.5 stéréo, 2 RCA stéréo et Haut-parleur intégré au moniteur.
Vidéo	Mono 1120X832 sur 2 bits (noir, blanc et deux niveaux de gris)
Stockage	Disque magnéto-optique de 256 Mo. Temps d'accès : 92 ms Disque Dur SCSI optionnel de 330 ou 660 Mo de capacité Lecteur de CDROM optionnel
Interfaces	4 Connecteurs NeXTbus dont un utilisé pour la carte mère 68040 1 connecteur interne SCSI 1 connecteur interne pour 1 à 2 lecteurs magnéto-optiques 1 Port SCSI 2 externe (4.8Mo/s en burst mode) 1 port imprimante propriétaire DB9 pour l'imprimante laser NeXT 400 Dpi 2 ports Mini DIN RS-423 (compatibilité RS-232) 1 Twisted-pair Ethernet 10 BaseT 10 Mb/s 1 Thin Ethernet 10Mb/s
OS	NeXTstep 1.0 à NeXTstep 3.3
Clavier	85 touches Souris opto-mécanique à deux boutons
Écran	17 » monochrome
Périphériques	Modem

Disons-le, de par son prix (9995 $, soit environ 15 000 € d'aujourd'hui) et son positionnement, NeXT ne devrait pas être présenté ici. Néanmoins, de par son lien fort avec Apple il paraissait intéressant d'en dire quelques mots. Comme précisé lors du chapitre sur Apple, Steve Jobs a été mis à la porte de sa propre société par John Sculley. Jobs jouit tout de même d'une bonne réputation dans les milieux financiers par sa capacité d'innovation et lève 7 millions de dollars pour créer NeXT Computer.
Dans son aventure, il débauche 7 fidèles de la première heure de chez Apple : Susan Barnes (ex-responsable des ventes et du marketing chez Apple), George Crow (un ex-directeur d'Apple), Randy Heffner, Danl Lewin (ex-directeur marketing pour l'éducation chez Apple), Gary Moore, Rich Page (ingénieur d'études d'Apple), Bud Tribble (ex-directeur du logiciel Macintosh chez Apple). Steve Wozniak n'est pas de l'aventure.

L'objectif de Jobs était de concevoir, dans la lignée du Macintosh, des ordinateurs utilisables par tous, mais là où le Macintosh a failli dans ses débuts, ce qui aurait pu lui coûter très cher, Jobs voulait dès le départ que de la puissance. Il fit tour de nombreuses universités afin de regarder ce qu'il se fait dans le domaine des systèmes d'exploitation, et à celle de Carnegie Mellon, il rencontre Avadis « Avie » Tevanian qui deviendra le vice-président de NeXT. Dans le cadre de sa thèse, il travaille sur un noyau UNIX multitâche, multi-utilisateur et multiprocesseur : Mach. Fort de la standardisation d'UNIX, mais également (et peut-être surtout) des économies réalisées par la récupération d'un système existant, l'extraordinaire noyau Mach sera effectivement choisi. Il est à noter que Jobs excelle dans la récupération. C'est son côté ferrailleur. Il a tendance à exploiter facilement le travail des autres, d'autres diront qu'il flaire les bonnes idées – ce qui est également vrai. C'est une face moins connue. Il avait déjà fait le coup avec l'interface graphique du Mac 'lourdement' inspirée des travaux du PARC (Palo Alto Research Center). Bref. UNIX était à l'époque un système certes robuste et éprouvé (existant depuis 1970), mais ce n'était pas un modèle de simplicité ni d'ergonomie. NeXT s'associe alors avec Adobe pour créer les bases de ce qui deviendra l'interface la plus aboutie de l'époque et peut-être encore la plus aboutie de nos jours : NeXTSTEP, intégralement basée sur le langage vectoriel PostScript (langage de chez Adobe) en ce qui concerne l'affichage.

En 1986, c'est la mise au point du Cube (la machine) et de NeXTSTEP (le système d'exploitation) et intégrant Interface Builder permettant de réaliser des interfaces graphiques par glisser/déplacer – projet présenté à Apple qui l'a bluffé et qu'il a racheté pour l'avoir sur NeXT. Les caractéristiques techniques et logicielles de la machine sont fabuleuses pour l'époque : gestion WYSIWYG (*What You See Is What You Get*) au maximum par l'utilisation du langage PostScript (identique à celui utilisé pour les imprimantes laser), le protocole TCP/IP est installé en standard, tout comme le port réseau Ethernet. Le plus incroyable est peut-être la résolution de l'écran qui est de 1120 x 832 en 4096 couleurs (ou niveaux de gris)...Nos PC atteindront ces résolutions 15 ans plus tard, c'est dire l'avance. Pour le stockage, là également de grandes nouveautés : lecteur magnéto-optique (cartouches réenregistrables de 256 Mo), lecteur de disquettes 2,88 Mo (également appelée double-densité) au format Mac ou PC (volume double voire quadruple des standards de l'époque), disques durs de taille supérieure à 1 Go, lecteur de CD-ROM, processeurs évolués 32 bits 68 030 et 68 040.

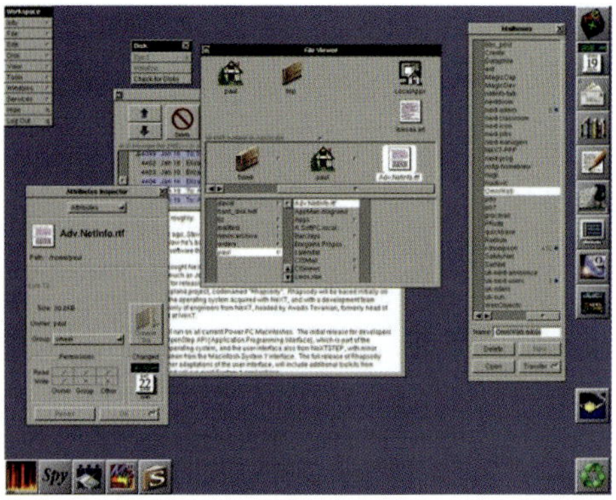

Figure 43 : NextStep

Avec l'argent, des banques, son argent personnel (il investira 5 millions de $) et celui de Ross Perot (milliardaire américain, ancien de chez IBM qui fera fortune avec une ESN Américaine) qui investira 20 millions de $, l'entreprise commence à valoir des sous ! Une usine d'une capacité de 150 000 machines/an est même montée à Redwood City.

Le 12 octobre 1988 est une date importante dans l'histoire de NeXT. Steve Jobs, qui a toujours eu le goût du spectacle, organise un show à San Francisco pour la présentation du Cube. Jobs est connu, reconnu et admiré pour ses « keynotes, son sens du spectacle. Il est étudié dans la plupart des écoles de communication ! Ainsi, il démarrera son discours par la phrase qui restera dans les mémoires pour les "Apple-istes" : "*It's great to be back !*". Après 45 min d'une salle acquise à sa cause, le NeXTCube avec son OS, NeXTSTEP est présenté : un plébiscite !

Malgré cela, ça ne décolle pas. Bien que merveilleuse, la machine est tout de même extrêmement chère. Les collaborateurs de Jobs quittent le navire les uns après les autres. La partie matérielle est cédée à Canon afin de recentrer la société sur le logiciel. C'est toujours un échec commercial et l'entreprise dégage peu de bénéfices.
En 1997, Apple est au plus mal, à 2 doigts de la faillite. Ils décident de se rappeler aux bons souvenirs de Jobs qui voit une opportunité de limiter la casse. Attendu comme le messie chez Apple, il négocie son propre rachat et négociera l'intégration de NeXStep dans la prochaine génération des Mac. Ce sera le fameux OS X dont descendent directement les OS actuels de chez Apple.

NeXT Cube et NeXTStation resteront probablement les meilleures machines jamais construites (relativement aux possibilités de l'époque). Avant-gardistes sur de très nombreux points tant sur le matériel que sur le logiciel, les ingénieurs de NeXT ont été les premiers à se soucier de manière importante de l'aspect esthétique de la machine, mais également des interfaces. C'est à l'heure actuelle toujours la marque de fabrique d'Apple. NeXTStep était (est toujours) une référence dans ce domaine.

Cette machine n'avait finalement que deux défauts : celui d'avoir eu raison 15 à 20 ans trop tôt (mais est-ce un défaut ?) et son prix prohibitif qui la plaçait quasiment au tarif des mini-ordinateurs de l'époque et bien loin des micro-ordinateurs qui représentaient le gros du marché. Jobs aurait probablement aimé se frotter aux fabricants de mini-ordinateurs, mais il se heurtait à d'autres fabricants bien installés sur la place comme IBM, Sun ou Silicon Graphics par exemple. Il collaborera par ailleurs avec 2 d'entre eux, tendant de faire entrer IBM dans le capital de l'entreprise (IBM se laissera tenter, mais fera machine arrière en voyant les mauvais résultats de ventes) et collaborant avec Sun pour porter NeXTStep sur d'autres plateformes matérielles. Il se sera vendu 50 000 machines, bien loin des espoirs initiaux.

Commodore

Amiga 1000, 500, 2000, 1200, 3000, 4000

1985, 1987, 1987, 1992, 1993, 1989, 1990

Figure 44 : Amiga 1000

Figure 45 : Amiga 500

Figure 46 : Amiga 2000

Figure 47 :Amiga 1200

Amiga 1000 – 1985 – 1500 $

Constructeur	Commodore (USA)
Microprocesseur	Motorola 68000 à 7 MHz (16/32 bits)
RAM	256 Ko extensible à 512 Ko (32 Mo avec carte d'extension)
ROM	Kickstart
Son	4-Voies Stéreo jusqu'à 28 KHz
Affichage texte	40x24
Affichage graphique	Résolutions : 320 x 256 et 640 x 256 pixels non entrelacés, à 50 Hz en PAL 320 x 512 et 640 x 512 pixels entrelacés à 50 Hz en PAL 320 x 200 et 640 x 200 non entrelacés à 60 Hz en NTSC 320 x 400 et 640 x 400 pixels entrelacés à 60 Hz en NTSC En moyenne résolution, 32 couleurs dans une palette de 4096 (palette de 4096 en mode HAM), en haute résolution, 16 couleurs.
Clavier	Type machine à écrire, 96 touches, Qwerty
Interfaces	Interface 16-Bit IDE pour disque dur interne (44 broches) Lecteur de disquette 3.5 » Format propriétaire, 880 KB AMIGA, 720 KB MS-DOS Port série RS-232c (modem), Port parallèle (imprimante), Port pour lecteur de disquette externe, 2 Ports souris/joystick, 1 Sortie Vidéo RGB (monitor), 1 Sortie Vidéo composite (TV, Caméscope), 2 sorties audio (stéréo)

Amiga 1200 – 1992 – 399 $

Constructeur	Commodore
Microprocesseur	Motorola 68EC020 / 14 MHz (32 bits)
RAM	2 Mo extensible à 8 Mo (32 Mo avec carte d'extension)
ROM	
Son	4-Voies Stéréo jusqu'à 28 KHz
Affichage texte	40x24
Affichage graphique	Système Graphique AA, Palette de couleur : 16.8 millions (24 Bit) dont 256 affichable simultanément et plus de 640 000 dans le mode HAM8. Résolutions : 320 x 200 pixels non entrelacés à 50 Hz 1280 x 512 pixels entrelacés à 50 Hz 640 x 480 pixels non entrelacés à 60 Hz 640 x 400 pixels non entrelacés à 70 Hz Genlock intégré
Clavier	Type machine à écrire, 96 touches, Qwerty
Interfaces	Interface 16-Bit IDE pour disque dur interne (44 broches) Lecteur de disquette 3.5 » Format propriétaire, 880 KB AMIGA, 720 KB MS-DOS Port série RS-232c (modem), Port parallèle (imprimante), Port pour lecteur de disquette externe, 2 Ports souris/joystick, 1 Sortie Vidéo RGB (monitor), 1 Sortie Vidéo composite (TV, Caméscope), 2 sorties audio (stéréo) Interface PCMCIA-V2.0 16-Bit.

Bien qu'ayant appartenu in fine à Commodore, l'histoire singulière de l'Amiga mérite qu'elle soit différenciée de sa maison mère. Cette histoire démarre 1982 avec une petite équipe d'anciens de chez ATARI composée de Jay Miner, R.J. Mical, Dave Morse et de Carl Sassenrath qui créent l'entreprise Hi-Toro. Leur objectif initial est de créer une console de jeux au doux nom d'Amiga. Il faut se rappeler qu'à cette époque les consoles de jeux (Sega et Nintendo en tête) font fureur dans le monde entier. Ce nom permettra à de nombreuses personnes à dire que l'Amiga fut le premier micro-ordinateur féminin ! - *amiga* en espagnol voulant dire *amie*. Mais ce nom n'a pas été choisi par hasard. Il a été trouvé dans un dictionnaire de synonymes, il véhicule un sentiment d'amitié, et surtout il est devant Apple dans la liste alphabétique.

En attendant la sortie de la machine, il fallait bien gagner de l'argent. Ainsi, Amiga produisit des manettes de jeux dont le *joyboard* pour l'Atari VCS 2600 (ils ne savaient pas encore qu'Atari deviendrait leur ennemi !) qui se pose à terre et sur lequel il faut bouger pour activer des switchs (interrupteurs). Plusieurs jeux l'exploitant seront proposés. Mais le personnel d'Amiga avait trouvé une autre utilisation de ce *joyboard*. Cela consistait à s'asseoir dessus et à rester immobile pour ne pas déclencher les interrupteurs : le jeu de la Méditation Zen. Cette anecdote donnera lieu à la naissance du fameux message que toutes les personnes ayant eu un Amiga connaissent et ont en horreur le *Guru Méditation* (équivalant sous Windows à l'écran bleu impliquant un redémarrage certain).

Il est bien évident qu'après un clic sur le bouton gauche comme demandé, il y avait une chance infime pour que l'on puisse récupérer la main !

En 1983, les gens de Hi-Toro créeront 3 puces répondant aux noms de Agnus (gestion des exceptions & adressage mémoire), Portia (gestion du son), et Daphne (gestion du graphisme). Le crack-informatique de 1983 des consoles de jeux fera que l'Amiga ne sera finalement pas une console, ce sera un micro-ordinateur. Et les puces développées en interne en seront à la base de la puissance de cette machine.

En janvier 1984, le premier prototype est présenté au C.E.S (*Computer Electronic Show*) de Chicago. Sony, Apple, Philips, HP, Silicon Graphics et Atari (avec – pas encore à sa tête, mais déjà en négociation avec la Warner pour un rachat - Jack Tramiel, fondateur de Commodore) sont sur les rangs. Le reste est un jeu de poker menteur entre Hi-Toro, Atari (qui avait leur avait prêté de l'argent) et Commodore Business Machines (CBM) pour la bagatelle de 27 millions de francs (l'équivalent aujourd'hui de 80 Millions d'€ environ) qui rachète Amiga Inc. au nez et à la barbe d'Atari. Commodore trouvait là un royal successeur à ses célèbres Vic20 et C64/128.

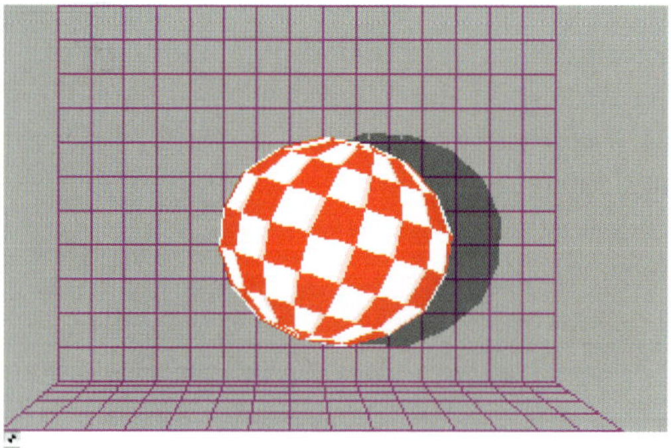

C'est lors de cette exposition que fut présentée la fameuse démonstration de *Bouncing Ball* qui fit la réputation et la marque de fabrique des Amiga. La légende veut que lors de la présentation de la machine, placée au centre d'une pièce, les personnes assistant à la démonstration cherchaient où était la vraie machine qui affichait ces images de même qu'ils ne comprenaient pas l'origine de ce son en stéréo lorsque la balle rebondissait !

Le 22 Juillet 1985, l'Amiga 1000 est présenté au Lincoln Center. C'est Andy Warhol qui montre les capacités graphiques de la machine en retravaillant en direct une image digitalisée de Debbie Harry (chanteuse du groupe Blondie). Quel choc ; une bombe est tombée ! Malgré les débuts plus que prometteurs de l'Atari ST venu concurrencer cette machine et malgré un prix au départ prohibitif, l'Amiga 1000 se fait une sacrée réputation.

Deux ans plus tard, c'est la sortie de l'A500. C'est sur ce dernier modèle que nous allons nous pencher pour la description technique qui ne varie pas énormément de l'A1000. L'Amiga 500, A500 pour les intimes (1987), était livré avec 512 Ko de RAM et 256 Ko de ROM (appelée *KickStart*). Cette ROM contenait un système d'exploitation multitâche (si, si et préemptif en plus !), un excellent environnement graphique à fenêtre (le *Workbench*) dans le style de ce qui se faisait à l'époque sur Macintosh. Il est à noter que le cœur multitâche du système est en grande partie issu de travaux d'une thèse de doctorat de 1976 (après on dira que les thèses de doctorat ne servent à rien, avec celle sur le noyau Mach utilisé sur la NeXT, ça fait déjà deux thèses réutilisées...)

Le cœur de la machine est un processeur 16 bits Motorola 68000 (sorti en 1979) cadencé à 7,2 MHz. Mais la grande nouveauté de l'Amiga est que le 68000 est épaulé par les trois puces Agnus, Denise (appelée précédemment Daphne) et Portia (ou également appelée Paula). Agnus était chargée du contrôleur DMA (*Direct Memory Access*) permettant d'afficher des animations fluides et colorées. Agnus abritait également le blitter (*Block Image Transfert*) qui permettait ces fameux scrolling mis en valeur par les jeux (et réciproquement). La vidéo n'était pas en reste non plus puisqu'elle permettait le 320x200 en 4096 couleurs (mode HAM) et 640x512 en 16 couleurs (mode entrelacé, d'où un certain scintillement). De son côté, Denise manipulait les couleurs et détectait également les collisions de sprites. Elle permettait de réaliser des bitplanes (des plans d'images superposées) sur 6 niveaux indépendants facilitant la réalisation de scrollings parallaxes (scrollings en parallèles à vitesses différentes). Tout était conçu pour réaliser des animations fluides. On retrouve les soucis liés aux consoles de jeux. Enfin Paula gérait le son avec des fréquences d'échantillonnage jusqu'à 20 KHz et en stéréo ainsi que le contrôleur de disque.

Rappelons que nous ne sommes qu'en 1985, et déjà nous voyons apparaître une machine au multitâche préemptif (qui existait déjà sous UNIX dont l'Amiga s'est fortement inspiré et qui existait également sous le système MPM de Gary Kildall, le créateur de CP/M), d'un système graphique qui permet à chaque fenêtre de posséder sa propre résolution (toujours pas faisable avec les interfaces actuelles), d'un lecteur de disquette de 800 Ko (basse densité) jusqu'à 1,76 Mo (haute densité). Cette prouesse était due à l'utilisation d'une table de hachage en lieu et place d'une FAT. La contrepartie était l'accès parfois un peu (très ?) laborieux au catalogue. L'accès à ces lecteurs était asynchrone permettant d'optimiser la vitesse de transmission.
Le système de fichiers permettait d'avoir des noms jusqu'à 32 caractères où le « . » n'est pas un caractère spécial. On sent la patte d'UNIX, tout comme on la retrouve dans l'organisation des répertoires système. Le type du fichier n'est pas contenu dans son extension, mais dans son en-tête. Il était également possible de connecter jusqu'à 4 lecteurs de disquettes simultanément grâce au contrôleur SCSI intégré. Les lecteurs de disquette détectaient automatiquement l'introduction d'une disquette ce qui permettait son démarrage automatique. Ce principe qui existait déjà sur les disquettes 8'' sera repris pour les CD-ROM avec l'auto-démarrage.

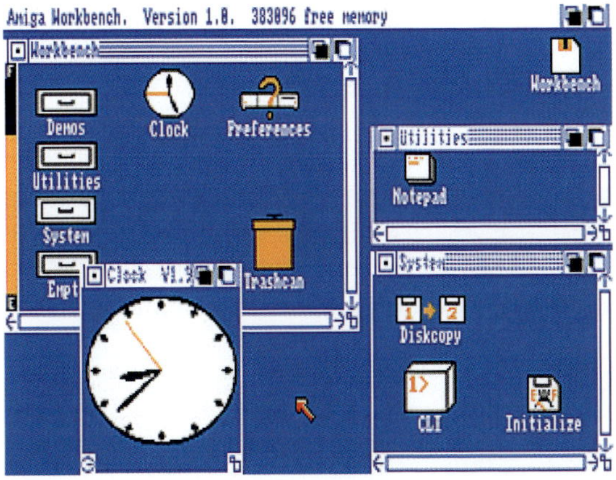

Figure 48 : Workbench 1.0

L'échange de données entre applications était possible grâce au format IFF (développé par Electronic Arts) et qui supportait tout type de données : texte, image, son et même des données relatives à sa configuration. Tiens, la configuration, parlons-en : l'Amiga possédait un système d'auto-configuration de périphériques lors de l'allumage de l'ordinateur. Bref, le Plug'n'Play avant l'heure.

Mais les Amiga 1000 et 500 ne sont pas les deux seules machines sorties du chapeau de Commodore. En même temps que le 500, un Amiga 2000 est également sorti. En gros, c'était un Amiga 500 en version Desktop (dans un gros boîtier d'allure professionnelle) qui pouvait accepter une carte PC permettant d'avoir sur la même machine à la fois un Amiga et un PC (et qui tournaient tous deux en même temps !).

Très intéressant également, le A3000 sortit en 1989. Certainement là où l'une des toutes premières machines intégralement 32 bits (les modèles précédents étaient des 16/32 bits). Architecturée autour d'un processeur toujours Motorola, mais le modèle 68030. Cette version fut déclinée également en A3000-UX, une version UNIX de l'Amiga qui fit les beaux jours de bon nombre de serveurs (*ftp* par exemple) d'universités dans le monde. 1991 sera le premier bouillon (et malheureusement pas le dernier !) de Commodore avec le CD-TV, console de jeux avec CD multimédia.

1992, lancement des A600, A1200 et A4000. Sur le 600, le contrôleur SCSI est remplacé par un IDE et un port PCMCIA. Sortie du chipset AGA 24 bits qui permettait déjà l'affichage en 16,7 millions de couleurs. Ces machines, en particulier le A1200, reçurent un très bon accueil du public, ce qui relança les ventes d'Amiga dans le monde et permit de rebondir après le flop du CD-TV.

Puis en 1994, ce fut l'épisode du CD32 (première console 32 bits). Commodore n'avait toujours pas compris qu'une console, aussi bonne fût-elle, ne peut fonctionner qu'avec un nombre de jeux à la fois important, mais également de qualité. C'est le deuxième et ultime bouillon de Commodore. La CD 32 ne marche pas, et ça tombe très mal pour Commodore. Ça plombe ses ventes prévisionnelles, et le résultat net avec qui aurait dû aller avec ! N'ayant pas réellement réalisé de promotions sur le marché américain, le sauf-conduit n'est pas là-bas non plus. Malgré la toujours bonne vente des A600 et A1200, la gestion de la firme est catastrophique. Le 29 avril 1994 à 16h10, ce qui restera une date noire dans l'esprit des « amiga-istes » dont je fais partie, c'est la liquidation financière de Commodore.
Déjà fragile, la société ne tarde pas à virer du rouge au cramoisi, et en 1994, c'est le coup d'arrêt, Commodore met la clé sous la porte, c'est la faillite de Commodore.

L'histoire de Commodore et de l'Amiga est particulièrement riche et nous pourrions en parler des pages et des pages. Un livre ne serait sûrement pas suffisant, aussi nous allons nous arrêter ici !

Émulation de l'Amiga : http://www.winuae.net/ et http://www.rcdrummond.net/uae/

Acorn

BBC Model-A, Archimede

1982, 1987

Figure 49 : Acorn BBC

Figure 50 : Acorn Archimede

BBC –1982 – 235 £

Constructeur	Acorn (Angleterre)
Microprocesseur	CMOS 6502 à 1,8 MHz
RAM	16 Ko
ROM	32 Ko
Son	Texas Instruments SN76489, 3 voix sur 7 octaves en mono
Affichage texte	Maximum 40 x 32 4 en couleurs ou 20 x 32 en 16 couleurs
Affichage graphique	160 x 256 (en 16 couleurs) 320 x 256 en (4 couleurs) 640 x 256 (en 2 couleurs)
Clavier	Type machine à écrire, 74 touches, Qwerty
Interfaces	Contrôleur disquettes 5''1/4 Interface lecteur cassettes Ajout possible d'un second microprocesseur (6502)

Archimede –1987 – 529 £

Constructeur	Acorn (Angleterre)
Microprocesseur	RISC ARM-2 (ARM-3 sur la série 500) à 4 / 8 MHz (32 bits)
Co-Processeurs	MEMC (mémoire), VIDC (Vidéo et Son), IOC (Entrées/Sorties)
RAM	512 Ko (jusqu'à 16 Mo)
ROM	512 Ko
Son	8 voies Stéréo
Affichage texte	132 x 32 maximum
Affichage graphique	21 modes standards (!). Les plus utilisés étaient le 640 x 256 et 640 x 512 en 256 couleurs. Le maximum était 1280 x 1024 en monochrome. Le VIDC (Video and Input/Output Control) était programmable permettant aux utilisateurs de définir leurs propres modes.
Clavier	Type machine à écrire, 96 touches, Qwerty
Interfaces	Centronics RS423 Vidéo composite RGB Eco Net (réseau à 250 KBits).

Bien qu'ayant été créée en 1978, Acorn a d'abord été connu dès février 1980 pour l'Atom (microprocesseur 6502) 1MHz, 4 Ko de ROM, 2 Ko de RAM, graphique de 526x192 ou 128x192 (en 4 couleurs) vendu 400 $. Mais c'est réellement en 1981 que la société Acorn de Cambridge se fait réellement connaître avec le Proton appelé également BBC (6000 F), car il a été massivement utilisé pour des cours d'informatique à la télévision anglaise. Le BBC intégrait un 6502A à 1,8 MHz, 16 Ko de RAM, 32 de ROM. Il était livré avec un Basic et pouvait se voir ajouter des programmes par le biais de cartouches enfichables. Le plus remarquable était sa capacité à gérer des réseaux allant jusqu'à 255 machines ! Le BBC sera outre-Manche l'équivalent de nos Thomson MO5/TO7 en France. L'histoire du Proton est un peu originale... Suite à un appel d'offres de la télévision Anglaise BBC (British Broadcasting Corporation), et devant entre autres Sinclair, Acorn obtient le marché avec un prototype appelé Proton, rebaptisé du coup Acorn BBC. L'objectif de l'appel d'offres était de trouver un micro-ordinateur qui serait utilisé dans une série produite pour le BBC-2 : A Computer Program. L'idée de la série était de présenter les capacités des ordinateurs et de montrer au grand public leur intérêt. La série mettait en scène le traditionnel naïf (Chris Serle) et l'expert informatique (Ian McNaught Davis). La plupart des grands noms de l'informatique mondiale y sont passés comme Steve Jobs, Bill Gates, Steve Wozniak, etc. Ce modèle, également appelé Model-A (il y aura des évolutions), connaîtra un immense succès en Angleterre, certes en grande partie grâce à l'émission, mais son évolution, le Model-B (avec plus de Ram et une interface réseau) également grâce aux écoles qui l'adoptèrent massivement. Il s'en vendra près de 1,5 million. Mais quasi exclusivement sur le marché anglais.

Figure 51 : Pole Position

D'autres modèles suivirent, comme l'électron (version 'light' et moins chère du Model-A) ou le BBC-B qui investira beaucoup (trop) et inaugura le premier processeur RISC de la société, mais rien n'y fait... les ventes plongent et c'est la fin de BBC qui sera racheté par Olivetti.

Mais avant d'aller plus loin, faisons une petite parenthèse. Acorn a initié le premier microprocesseur à architecture RICS (*Reduced Instruction Set Computer).* Contrairement aux processeurs de l'époque, la philosophie des processeurs RISC était de concevoir et produire des processeurs optimisés à l'extrême avec un jeu réduit d'instruction, allant à l'encontre des développements en cours comme chez Intel. Les sociétés MIPS, HP (PA-RISC) ou Sun (SPARC) par exemple ont été parmi les plus connues... aujourd'hui, c'est la société ARM qui est le leader incontesté a conçu (elle ne fait que concevoir et cède des licences aux fondeurs) tout une gamme de processeurs et équipe la plupart de nos smartphones tablettes, écran TV, cartes graphiques, et autres. Il est à noter que ce type de processeurs ont équipé et équipent toujours de nombreuses consoles de jeux (Nintendo 64 et PlayStation 1 et 2, Nintendo Switch), mais également des routeurs. Les boucles devant être bouclées... revenons au processeur ARM. Il signifie Acorn RISC Machine. Une fois l'architecture ARM produite, cette branche de l'entreprise a été séparée de la société mère pour devenir « Advanced Risc Machine limited » volant ainsi de ses propres ailes.

Bref. En 1986, Acorn est dans le rouge et se fait racheter par Olivetti. Les ingénieurs se mettent à travailler sur une première évolution du processeur ARM et sur le premier micro-ordinateur à architecture RISC. Il y avait au départ 2 séries. La série des A300 avec 512 Ko de RAM (et jusqu'à 1Mo pour le 310) et les A400 avec 1 Mo (4 Mo pour le 440) et un disque dur (A420, A440). Plus tard viendra la série des A500 (4 Mo de RAM, Processeur ARM-3).
L'Archimède était fourni avec le Basic BBC V (particulièrement rapide), un environnement graphique (Arthur renommé ensuite RISC-OS), un émulateur MS-DOS ainsi qu'un émulateur Acorn BBC model 2 (ancien modèle d'Acorn). Le système d'exploitation (y compris l'environnement graphique) était contenu en ROM.

Au niveau matériel, la machine possédait un lecteur de disquette 3.5 » de 800Ko mais compatible avec l'ancien format maison de 640 Ko.
Un grand nombre de cartes ont été développées spécialement pour cette machine : cartes SCSI, Midi, Oscilloscope, reconnaissance vocale, scanner, etc. De même, elle a bénéficié du support de nombreux langages de programmation comme le C, Fortran, Pascal, Prolog et même Lisp !

Figure 52 : Giant Bomb

Il faut reconnaître à l'Amiga-iste que j'étais, que l'Archimède était réellement une excellente machine. J'ai eu la chance d'en côtoyer une lors de sa sortie, et les premières démonstrations développées étaient de pures merveilles. Malheureusement, hormis un succès important en Grande Bretagne et principalement dans les écoles, l'Archimède n'eut qu'un succès d'estime dans l'hexagone, et plus généralement, hors Angleterre. Ceci s'explique en partie par sa conception. Au milieu des années 90, c'est le règne des processeurs 16-32 bits, la série des 68000 de Motorola qui équipera les Mac, Amiga et

Atari ST par exemple (plus anecdotiquement d'autres machines). Ainsi, les compétences en assembleur 68000 sont légion et le portage d'application d'Amiga vers Atari et vice-versa s'en trouve facilité. En parallèle, le PC à architecture Intel x86 commence à se tailler des croupières. Les développeurs et sociétés d'édition de programmes ne peuvent se diversifier à outrance et peu malheureusement, trop peu de logiciels sont créés pour la machine.
Néanmoins, du travail a été réalisé et la gamme Archimède, et son OS en particulier évolueront jusqu'à proposer en 1994 le RISC PC (un standard ouvert et modulaire sur base de processeurs ARM) et RISC OS, un système d'exploitation également ouvert. Il est à noter que RISC OS, en version 5 actuellement est toujours vivant et en particulier supporté par les cartes Raspberry Pi.

Émulation de l'Archimede : http://b-em.bbcmicro.com/arculator/

Le Standard MSX

MSX-1, MSX-2

1982, 1985

Figure 53 : Un exemple de MSX - le Canon V-20

MSX-I – 1982 – 2000 F

Constructeur	Divers et variés
Microprocesseur	Zilog Z80A à 3,58 MHz
RAM	6 Ko (minimum) 8 Ko pour les programmes, 16 Ko pour la vidéo
ROM	32 Ko (minimum) avec Basic Microsoft (MSX Basic 1.0)
Son	Générateur de son 3 canaux à 8 octaves Compatible Général Instrument AY-3-8910 (exemple : Yamaha YM 2149)
Affichage texte	40x24 maximum
Affichage graphique	Chip vidéo compatible TMS 8819/A ou TMS9928/A (Japon : 60Hz) ou TMS 9929/A (Europe 50 Hz) 256/192 en 16 couleurs
Clavier	72 touches avec 5 touches de fonctions.
Interfaces	Port cartouche (1 ou 2) Port joystick (1 ou 2) Port Magnétocassette 1200-2400 Baud Port Centronics Entrées/Sorties compatibles Intel 8255

MSX-II – 1985 – 4000 F

Constructeur	Divers et variés
Microprocesseur	Zilog Z80A à 3,58 MHz
RAM	64 Ko (minimum) + 64 minimum pour la vidéo.
ROM	48 Ko
Son	Générateur de sons 9 canaux Compatible Général Instrument AY-3-8910 (exemple : Yamaha YM 2413)
Affichage texte	40 x 24 / 32 x 24
Affichage graphique	Processeur Graphique Yamaha V9938 (compatibilité ascendante avec les TMS-9918 et TMS-9928 des MSX 1). De 256x192 en 16 couleurs sur 512. À 512x424 (entrelacé) en 16 couleurs sur 512.
Clavier	72 touches avec 5 touches de fonctions.
Interfaces	Joystick, Cartouches (2), Lecteur de K7 (1200/2400 bauds), Sortie Vidéo RGB Sortie Centronics

C'est au Japon en 1982 (arrivé en France en 1984) que naît le standard MSX issu d'une collaboration entre deux sociétés : Microsoft (Américaine) pour le Basic et ASCII Corporation (Japon) pour le système d'exploitation et l'architecture de la machine, mais c'est en 1983 que sortent les premières machines estampillées MSX. L'objectif est clair : constatant l'incompatibilité des micros de l'époque entre eux, il fallait produire un standard de conception en utilisant des composants sur étagères, c'est-à-dire des composants électroniques standards. Les relations avec le Japon sont de longue date pour Microsoft. En effet, suite à un voyage aux USA, Kazuhiko Nishi, un étudiant Japonais du même âge que Gates fait la connaissance avec ce dernier et de Paul Allen. Il leur propose de monter une branche de Microsoft au Japon. Bien que totalement farfelu, Nishi a un charisme extraordinaire comme le rappellera régulièrement Bill Gates, et une capacité à convaincre hors norme, ce qui sera précieux par la suite. Durant longtemps, l'acronyme MSX était, était associé à MicroSoft eXtended en référence au Basic fourni, mais il semblerait que le vrai acronyme soit Machines with Software eXchangeability.

Le standard MSX se base sur une machine déjà existante, les SpectraVideo SV 318/328. Véritable révolution technique pour l'époque, il possédait une palette de 32 couleurs dont 16 affichables simultanément. Il possédait également de nombreux connecteurs et offrait la possibilité d'être relié à un téléviseur par une simple prise péritel (installée sur chaque poste de TV neuf en France à partir de 1980). Le standard technique avait pour base un Zilog Z80, un processeur TI TMS 9918 pour la vidéo, 64 Ko de RAM et 16 Ko pour la vidéo.

Ce standard a été soutenu par plus de 20 constructeurs dont les 14 plus importants du Japon (Canon, Fujitsu, General, Hitachi, JVC, Kyocera, Matsushta, Mitsubishi, NEC, Pioneer, Sanyo, Sony, Toshiba, and Yamaha), mais également des Européens comme Philips. Chaque marque sortira plusieurs modèles différents.

Figure 54 : Tortues Ninja

Sortie en 1985, la norme MSX-2 (2e génération), toujours basée sur un microprocesseur 8bits, apporte de nombreuses évolutions. La mémoire vive peut aller jusqu'à 4 Mo avec un minimum de 256 Ko en général. La ROM passe à 48 Ko. Le chip vidéo (V9938) gère 32 sprites avec la possibilité de réaliser des numérisations et des incrustations. La mémoire vidéo se voit également bien gonflée puisqu'elle passe de 16 à 128 ou 192 Ko selon les modèles/fabricant. Enfin, la résolution vidéo s'accroît également sérieusement puisqu'il est possible d'afficher du 512x212 en 16 couleurs parmi 512 et même du 512x424 en mode entrelacé (rafraîchissement des lignes impaires/paires par cycle impliquant un léger scintillement). Il est également possible d'afficher 256 couleurs simultanément en 256x212 (256x424 entrelacé). Enfin, les MSX-2 intégraient un lecteur $3^{1/2}$ pouces de 360 Ko puis 720Ko.

Sa carrière sera de courte durée, puisqu'en 1988, le MSX est arrêté en Europe. Un MSX-2+ sortira au Japon, mais sa carrière sera encore plus éphémère et seuls trois constructeurs (Panasonic, Sony et Sanyo) tenteront l'aventure. En raison de performances bien trop timides, le MSX-2+ sera un non-événement.

Les ventes des MSX ne décollèrent jamais réellement en France, malgré un bon succès à l'international. Il se vendra environ 40 000 MSX-1 et 20 000 MSX-2. Les plus gros succès des MSX seront le Japon (5 000 000), la Russie (1 000 000) pour l'éducation nationale, les Pays-Bas (400 000) et les pays arabes (1 300 000). La machine aura également un beau succès en Amérique du Sud et particulièrement au Brésil. La concurrence en Europe et aux USA avec les Amstrad et C64 et malgré l'appui de la société Américaine Microsoft ne lui permettra pas de percer.

Il existera en tout 5 versions de MSX : les MSX, MSX-2 et MSX-2+ pour les 8 bits, et les MSX Turbo-R ST et GT (ça fait un peu voiture sportive d'époque !) pour les 16 bits. La grande différence entre les deux familles était que les dernières évolutions intégraient 2 processeurs Z80A pour la compatibilité tout en améliorant les performances, et un processeur 16 bits, le R800 MIPS RISC à 14,38 MHz.

De l'avis général, les MSX étaient d'excellentes machines, et particulièrement pour le jeu (elles intégraient de nombreux aspects issus des consoles). D'ailleurs, les plus grands éditeurs de jeux (comme la société Konami) ne s'y sont pas trompés et ont développé des jeux de grande qualité. Néanmoins, malgré les nombreux efforts, la tentative de standard MSX ne durera qu'une petite dizaine d'années, mais on peut saluer cet effort.

Émulation des MSX : http://www.bluemsx.com/

Micronique

Hector 1, Hector 2-HR/2HR+

1983, 1985

Figure 55 : Micronique Hector II-HR

Constructeur	Micronique (FR)
Microprocesseur	Zilog Z80A à 5 MHz (8 bits)
RAM	48 Ko
ROM	4 Ko
Son	1 voie sur 4 octaves
Affichage texte	22 x 40
Affichage graphique	243x231 pixels en 15 couleurs
Clavier	Mécanique
Interfaces	Lecteur de cassettes intégré Sortie Péritel RS 232 Prises joysticks

En 1980, lors d'un voyage aux USA, Michel Henric-Coll découvre le Family Computer Model I – microordinateur sorti en 1979 - qu'il souhaite vendre en France sous licence. Il créera la société Lambda System à Toulouse en 1981. Interact, à l'origine du microordinateur dépose le bilan aux USA et Lambda System la suit l'année suivante. En 1981, une petite de la petite société française, Micronique, spécialisée dans la fabrication de cartes découvre le Lambda System et rachète tous droits. Cet ordinateur est probablement le premier microordinateur équipé d'un processeur Intel (un 8080A) à 4MHz, 2 Ko de ROM, 16Ko de RAM et d'un lecteur de cassettes. Il avait un affichage étrange de 12 lignes sur 17 colonnes en mode texte et de 113x77 pixels en graphique.

Sur cette base, en 1982, Micronique développe tout d'abord le Victor Lambda sur base de microprocesseur Intel 8080a. Afin d'éviter la confusion avec un autre micro concurrent « le victor sirius », la compagnie changera le nom des Victor en Hector. Ils ont fait dans le prénom désuet !

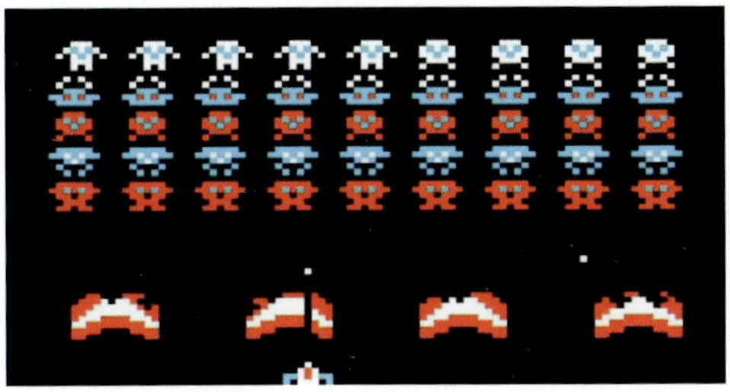

Figure 56 : Space Invaders

Ce changement de nom s'accompagnera d'un changement de processeur et passera au Zilog Z80. C'est la naissance de la lignée Hector I (1983), Hector 2HR/2HR+(1983-1985). Contrairement au premier modèle issu de la version américaine et qui ne donnait pas satisfaction, la série des Hector est de conception et de fabrication française entièrement nouvelle et plus puissante (le Z80 est plus puissant que le 8080 d'Intel). Le système CP/M équipait l'ordinateur.

La machine phare de Micronique restera la série Hector 2HR (**H**aute **R**ésolution). Elle bénéficie du savoir-faire de la maison en termes de fabrication de cartes, et les évolutions des machines étaient facilitées par le changement de cartes.

Malgré de bonnes machines et une utilisation à la télévision dans Récré A2 animée par Dorothée (oui, la même qui chantait « Monsieur l'ordinateur » avec le jeu « Donjon et Dragon »), la logithèque est maigrelette et les machines de Micronique ne percent pas vraiment. Le coup de grâce sera porté par le plan informatique pour tous sur lequel la société comptait beaucoup… c'est Thomson et dans une moindre mesure, pour des raisons politiques, Exelvision qui l'obtiendront.

Il y aura également un Hector HRX en 1984 toujours avec un Z80, mais 5 MHz, 64 Ko de RAM et 16 Ko de ROM. Le magnétophone était toujours intégré. Son originalité résidait dans le fait d'avoir remplacé le Basic par le langage Forth, langage dédié aux calculs et qui avait comme particularité de systématiquement changer transformer les expressions mathématiques en notation polonaise inversée (notation post-fixée), ce qui facilitait les analyses des expressions via le retrait des parenthèses de priorité par exemple. Il est à noter que Michel Henric-Coll, à l'origine de l'import, sortira un livre sur le sujet intitulé La pratique du forth avec hector - Henric-Coll Michel 1984).

Par la suite, l'orientation de la société changera, ils passeront au PC en vendant des machines fabriquées à Taïwan et vendues sous le nom de Victor. Elle n'aura qu'un succès d'estime ! Quelque temps plus tard, la société, qui existe toujours, se recentrera sur son métier premier : l'électronique.

Émulation de l'Hector http://dchector.free.fr/

Sega

3000/3000H

1983

Figure 57 : SC 3000

SC 3000 – 1983 – 2200 F

Constructeur	Sega
Microprocesseur	NEC D780-1 (clone du Zilog Z80A à 3,58 MHz) (8bits)
RAM	16 Ko (32 à 48 pour le 3000H)
ROM	18 Ko (32 pour le 3000H) avec Basic sur cartouche
Son	SN 76596, 6 canaux mono.
Affichage texte	40x25
Affichage graphique	TMS 9918A 256x192 pixels en 16 couleurs avec 15 nuances/couleur 32 sprites
Clavier	Gomme
Interfaces	Port imprimante Port cartouche Cassette Sortie Video Composite Deux ports joystick (Type D 9 broches)

David Rosen (1930-)
David Rosen était militaire dans les forces armées américaines au Japon. À la fin de la guerre, il décide de rester sur place où il crée la Rosen Company en 1954. C'est 11 années plus tard qu'il s'associe avec la société Service Games, initialement créée à Hawaï qui sera ensuite déplacée au Japon. Le fonds de commerce de cette société est la fabrication de Juke-box.
Les deux sociétés fusionneront et David Rosen en restera le PDG jusqu'en 1996 lorsqu'il prendra sa retraite.

Contrairement à ce que l'on pourrait penser, l'origine de l'entreprise Japonaise SEGA est américaine. David Rosen, un américain, crée en 1954 la Rosen Enterprise. Dans ces années-là, les bases militaires emploient énormément de monde, et pour passer le temps, les jeux de hasard se sont développés dans les camps. En 1954, David Rosen flaire le bon coup et crée Service Game. L'objectif est de distribuer des machines à sous pour le marché militaire aux USA et au Japon. En 1965, la société passe de la distribution à la fabrication via une association avec la société Service Games et modifie un peu le nom de la société pour ne garder que les deux premières lettres des deux mots, c'est la naissance de SEGA.

En 1966, SEGA continue de se diversifier et fabrique des jeux d'arcade avec un certain succès. Elle est pionnière dans ce domaine. Aussi, lorsque les premières consoles de jeux apparaissent, elle se met tout naturellement à adapter les jeux de ses bornes pour ces dernières (VCS 2600, Colecovision) et contribuera grandement à leur succès par la qualité des jeux initiaux, mais également des adaptations réalisées.

Au début des années 80, alors que ses jeux portés sur les consoles rencontrent un beau succès, SEGA décide de se lancer dans l'aventure et crée sa première console de jeu vidéo en juillet 1983 : la SG-1000 (CPU NEC 4-bits à 1,2 MHz, 64 Ko de RAM). Bien que correctement conçue, Sega en manque d'expérience n'arrivera pas à la distribuer comme il se doit. La SG-1000 renaîtra en novembre de la même année sous les traits d'un micro-ordinateur : le Sega SC-3000. Comme beaucoup de micro-ordinateurs japonais de cette époque, le SC-3000 est largement inspiré de la lignée MSX. Il sera vendu à l'identique (caractéristiques et aspect) par deux sociétés : Sega et Yeno. Sa particularité réside dans sa compatibilité avec la console de jeux SG-1000 sortie en début d'année. Rapidement, le SC3000 a été remplacé par le SC3000H plus richement doté en RAM/ROM et possédant un clavier mécanique remplaçant avantageusement le clavier gomme de son grand frère.

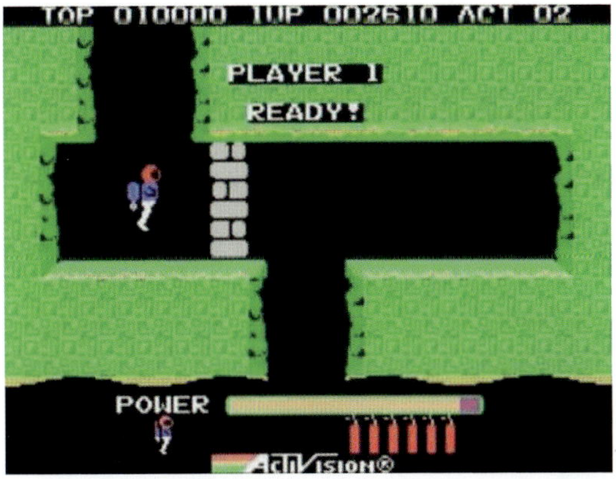

Figure 58 : Hero sur SC3000

Sans cartouche, le SC ne pouvait fonctionner, l'ensemble de sa ROM y était stocké dessus. Il est à noter qu'il existait trois BASIC différents permettant aux programmes d'utiliser de 512 octets (fallait être bon et/ou peu exigeant !) à 32 Ko !

S'il est présenté ici, c'est qu'au-delà de ses caractéristiques « ordinaires » et de son non-succès commercial (quelques milliers d'exemplaires, dont beaucoup d'invendus !), c'est surtout parce que c'est le seul micro produit par Sega qui se concentrera dès lors sur les consoles de jeux avec le succès qu'on lui connaît.

Thomson

TO7, MO5

1981, 1984

Figure 59 : TO7-70

Figure 60 : MO5

TO7 – 1982 – 3700 F /MO5 – 1984 – 2400 F

Constructeur	Thomson
Microprocesseur	Motorola 6809E à 1MHz (8 bits)
RAM	8 Ko (48 pour le MO5)
ROM	4 Ko (16 pour le MO5)
Son	1 voie sur 4 octaves
Affichage texte	40x25
Affichage graphique	300x200 en 8 couleurs (16 pour le MO5)
Clavier	Gomme
Interfaces	Cassette Péritel Stylo optique inclus Deux ports joystick (Type D 9 broches)

Bien que plus que centenaire, c'est en septembre 1980 que l'histoire de Thomson démarre avec la présentation d'un premier prototype (le T9000) sur lequel travaille la société depuis 1 an et que l'on doit à José Henrard. L'histoire n'est pas banale. En effet, José Henrard n'est pas mathématicien, ni électronicien ni même informaticien (ok, c'est vrai, il y en avait peu à cette époque !). C'est un chercheur au CNRS dans le domaine de l'économie et de la sociologie qui a découvert l'informatique via son frère quelques mois auparavant et se met en tête d'en faire un dans son laboratoire ! C'est ainsi qu'il est repéré par Thomson. Si les micro-ordinateurs Thomson ont été parmi les plus accessibles, c'est le fruit de son travail. Il travailla avec Thomson en tant que « non-informaticien ». Son idée était de faire de l'ordinateur un vecteur de communication (via les balbutiements du minitel à l'époque) et d'en faire une machine à apprendre et à communiquer.

Sur le papier, les spécifications techniques sont très intéressantes pour l'époque, et l'utilisation d'un 6809 au lieu des traditionnels Z80 est judicieuse puisque celui-ci est bien plus puissant… sur le papier ! Le 6809, fabriqué par Thomson sous licence Motorola, était le processeur le plus doué de sa génération. Après une journée de discussion autour du prototype, et surtout de l'intérêt et de l'usage du crayon optique, le feu vert est donné à José Henrard. C'est le début du TO7 qui sortira officiellement en 1982 au SICOB (salon informatique français) accompagné de 30 logiciels signés ViFi-Nathan.

La machine possède au-delà des caractéristiques du processeur, d'autres belles choses comme l'intégration en standard d'un stylo optique et une bonne résolution de 320x200 pour l'époque. Le prix du TO7 est de 7000 F au tout début, puis rapidement baisse à 3200 F puis 2900 F avant la sortie en 1984 des deux rejetons : le TO7/70 et le MO5. C'est tout de même assez d'autant plus qu'il faut en plus acheter le basic (excellent par ailleurs) de Microsoft 500 F.

Le MO5 qui suivra en Janvier 1984 reprend en grande partie les avantages (et défauts) du grand frère, mais se voit gonflé à 48Ko. Le basic est cette fois-ci présent d'origine, et qui plus est, il est de bonne facture avec des fonctions de dessin (circle, box, etc.) très intéressantes. Les graphiques sont toujours en 320x200, mais en 16 couleurs. L'inconvénient est que chaque pixel ne peut être colorisé indépendamment de ses voisins sous peine de voir les couleurs « baver ».

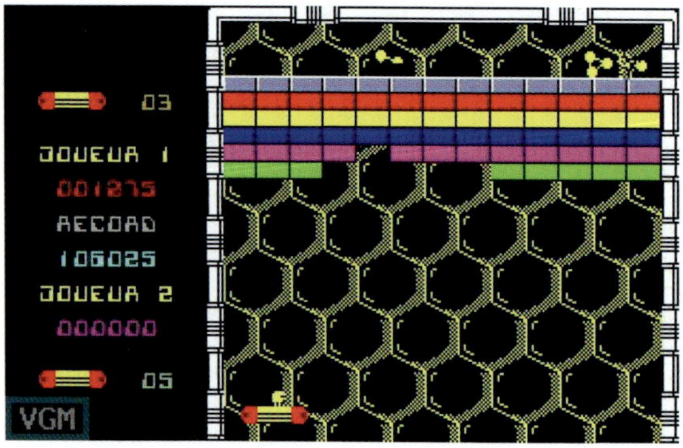

Figure 61 : Arkanoid

Ces machines se vendront bien pour deux raisons. La première, l'éloge réalisée par les différents magazines, teintée d'un certain chauvinisme, et surtout, grâce au PIT (Plan Informatique pour Tous) de Laurent Fabius en 1985 : 108 400 machines seront achetées.

Faisons une petite parenthèse…

Thomson fournissait déjà les écoles dans le cadre de la formation d'enseignants. Lors du PIT, il n'y a pas eu d'appel d'offres à proprement parler, mais une extension de l'accord déjà passé. Ce qui explique pourquoi dans un premier temps Exelvision a été totalement écarté. Il est également à noter qu'il a été un temps évoqué que Thomson fabrique sous licence des versions 'light' de Macintosh (oui, oui). Une entrevue aura même lien entre Steve Jobs, John Sculley et François Mitterrand. Mais même en version light, il demeurait trop cher. Il est à noter qu'entre-temps, dès 1982, la société Thomson, société critique à l'époque, car chargée de nombreux équipements militaires, perd tellement d'argent qu'elle est nationalisée et mise sous perfusion de l'état. D'aucuns diront que le choix de Thomson pour le PIT est légèrement guidé par le besoin de lui trouver des marchés…

Thomson se tournera par la suite vers l'exportation : Allemagne, URSS, Inde, Argentine, Espagne où la société subira des échecs cuisants. Thomson n'arrive pas à s'imposer hors de l'hexagone. Pendant ce temps, les autres micros, C64 et surtout CPC d'Amstrad sont arrivés à prix cassés…

En 1986, renouvelant sa gamme, Thomson sort le TO9 inspiré du Macintosh d'Apple. La gamme est chère et surtout peu fiable côté logiciels, ce sera un échec. La compatibilité ascendante annoncée n'est pas correctement assurée, les éditeurs doivent modifier leurs logiciels. Thomson sortira également d'autres machines comme le TO8 et MO6, mais qui n'auront pas le succès de leurs prédécesseurs. En 1989, Thomson abandonnera la micro-informatique.

Emulation des Thomsons : http://dcmoto.free.fr/

Analyse historique

L'exercice d'analyse est risqué et complexe, mais pas inintéressant ! Contrairement à ce que l'on pourrait penser, ce ne sont pas les micro-ordinateurs qui se sont les premiers développés, mais bel et bien les consoles de jeux. Dans un premier temps la Magnavox, mais surtout la VCS 2600 qui va faire connaître le « jeu vidéo ». Les micros arrivent certes vite après avec l'Apple I qui va amorcer et servir de catalyseur à beaucoup d'autres et surtout faire entrer le micro dans les chaumières.
Ce succès d'Apple donne envie. Cette époque est faite de machines relativement simples et de nombreux géotrouvetout se lancent dans l'aventure, certains avec plus de succès que d'autres. Néanmoins, le marché est balbutiant et les acteurs actuels comme Intel, AMD voire ARM n'ont ni la puissance ni l'historique d'aujourd'hui qui leur permet d'avoir des processeurs évolutifs, compatibles avec les versions précédentes. Car le nœud du problème est en partie là. Chaque nouvelle machine essaie de proposer une rupture technologique avec les précédentes, c'est une course à l'innovation, à l'originalité, et pour ce faire, elle utilise les processeurs du moment, qui évoluent vite. La première génération est principalement équipée de processeurs 8 bits voire même 16 bits comme chez Texas... mais les processeurs n'évoluent pas, ou si peu. Il faut changer de modèle, de fabricant. Les CMOS 6502, Zilog 80 et autres TI TMS9900 ne connaîtront pas d'évolutions significatives leur permettant de rivaliser avec de nouveaux processeurs de générations suivantes (comme les Motorola 68000, Intel 80x86 par exemple). Ainsi, chaque évolution de machine devenait une révolution. Il fallait refaire (certes, faire et refaire, c'est toujours faire, mais tout de même !). Aujourd'hui, lorsque nous achetons un nouveau Mac, un nouveau PC, un nouveau Smartphone, nous ne nous posons pas la question de savoir si les applications/jeux que l'on a achetées vont fonctionner avec la nouvelle version. Nous nous la posons éventuellement (et de moins en moins avec la « webification » des applications) en passant de PC vers Mac (et vis-versa) et/ou Windows/Linux. À la différence ici que le choix et bien plus restreint.

Aujourd'hui, la rétrocompatibilité est devenue une norme. Ce n'était pas le cas. Certains fabricants ont bien tenté de trouver des astuces, comme les MSX2 en intégrant l'ancien processeur et un autre de génération suivante, mais cela augmentait les coûts rendant la machine onéreuse.

Ainsi, chaque nouveau micro-ordinateur était confronté à un souci de taille : proposer une logithèque quantitativement et qualitativement intéressante. Ce problème était également vrai pour les consoles de jeux, mais la panoplie des applications était moins large, et surtout, les premiers fabricants de consoles (SEGA, Atari, Nintendo) étaient également des éditeurs de jeux (pour borne d'arcade en majorité) et donc avaient déjà une logithèque à adapter dont ils maîtrisaient les licences, amenuisant cet effet de vide.

Malheurs à ceux qui n'étaient pas éditeurs de jeux. Ça leur a coûté cher. Ce point était important. Pour les micro-ordinateurs qui sortaient, il fallait convaincre les éditeurs de logiciels de créer/adapter des programmes pour les spécificités de la machine. Et là encore, l'architecture matérielle jouait, car, il était plus facile d'adapter des programmes déjà édités pour des processeurs de même famille que pour d'autres, ainsi des micro-ordinateurs technologiquement très avancés n'ont pas eu de succès, car les éditeurs rechignaient à adapter pour des processeurs/architectures trop spécifiques sans savoir si la machine allait avoir du succès. Ça se mord un peu la queue tout ça !

Résumons : 1) il faut évoluer, sans révolutionner, car sinon on se coupe des éditeurs et développeurs de programme qui peine à exploiter la machine ; 2) il faut convaincre que la machine va avoir du succès pour inciter les éditeurs à produire des jeux/programmes de qualité.

Dans les deux points précédents se retrouve une des raisons du succès de l'IBM PC qui sortira en 1981. Le mariage du PC avec Intel qui sortira des processeurs rétro-compatibles résout une grande partie des problèmes.

Un autre aspect un peu moins connu est la concurrence que se livraient les constructeurs et éditeurs de programmes. Les personnes capables de concevoir des micro-ordinateurs et des logiciels de qualité n'étaient pas si légion que ça. Les formations en informatique étaient encore balbutiantes au début des années 80. Ainsi, les éditeurs et constructeurs informatiques avaient la fâcheuse tendance à débaucher du concurrent. C'est ainsi que des entreprises comme Atari ont littéralement été pillées dès qu'il y avait un coup de moins bien (en l'occurrence par NeXT) ce qui a empêché un éventuel redressement et accéléré leurs pertes. Enfin, il faut reconnaître un certain nombre d'errances de certains qui bien que vendant beaucoup, ne gagnaient presque rien, voire même perdaient de l'argent, ce qui les condamnait à moyen terme par leur faible capacité à investir dans l'innovation.

Là encore l'IBM PC a apporté une réponse grâce à son architecture modulaire qui a permis de créer tout un écosystème tant au niveau logiciel que matériel. Le fait de faire évoluer la machine plutôt que de tout reconcevoir à chaque fois demandait moins de technicité, et donc rendait les entreprises fabriquant le matériel beaucoup moins fragile technologiquement et nécessitait du personnel moins qualifié. Alors certes, côté innovations... on peut repasser ! Et on repasse. Ce pauvre PC (au sens générique du Personal Computer, j'englobe également le Mac ici également) n'offre pas grand-chose de plus aujourd'hui que les machines des années 80, hormis une puissance sans commune mesure et un affichage de bien meilleure qualité. Sinon... Les interfaces graphiques, pfff, fin des années 70 chez Xerox, les claviers/souris/manettes de jeux ? Pfff, l'EXL 100 les proposait. Les clés USB ? Pfff, encore l'EXL 100 avec sa carte CMOS de 16 ou 32 Ko.

Les choses évoluent à partir des années 90. La généralisation du PC va influer sur la rétrocompatibilité. La fidélisation à la marque le nécessite. Et ça devient un argument d'achat. La génération des processeurs Motorola 16-32 bits qui auront des évolutions, permet cette compatibilité. Amiga et Atari vont l'exploiter dans différentes gammes. Malheureusement, c'est probablement quelques années trop tard. En effet, le PC, qui a mis un peu de temps à se lancer a pris des parts de marché au niveau professionnel et grâce aux fabricants de compatibles cassant les prix, pénètre le marché du particulier, et même, un peu plus tard, celui du jeu. Ainsi, dès 1986 avec le processeur i386 (32 bits) pour la puissance, des logiciels comme dBase (base de données) et Excel pour la productivité, et des fabricants de compatibles comme Compaq, le PC se taille une place de choix dans les foyers. Les familles s'équipent... en premier lieu pour les parents... et accessoirement pour les enfants qui joueront. Ce dernier point d'améliorant d'année en année avec la sortie de cartes vidéo dédiées et de cartes son comme la SoundBlaster qui amélioraient grandement les performances de base. Cette modularité évite de devoir attendre la prochaine sortie. On se fait sa machine en fonction de ses besoins, de son budget... et elle sera rétrocompatible grâce à son architecture. La question de la rétrocompatibilité ne se pose plus.

C'est malheureusement, le début de la fin pour les micro-ordinateurs. Le compatible PC va étendre son hégémonie quasi universelle, et aura presque la peau d'Apple qui redressera la barre spectaculairement avec les premiers iMac translucides. Les monopoles ne sont jamais bons, et encore moins pour l'innovation. Les premiers micro-ordinateurs, avec tous leurs défauts grouillaient d'originalité : synthèse vocale, crayons optique, l'EXL-Mémoire (ancêtre de la clé USB), double processeur, etc., mais également d'un point de vue logiciel : la programmation orientée objet, les interfaces graphiques, le multifenêtrage, etc.

Or depuis la fin des années 80 qu'avons-nous eu de nouveau ? Fondamentalement rien ! Chaque avancée proposée dans les années 70/80 a été reprise et améliorée, certes de manière très importante, mais conceptuellement parlant RIEN de nouveau ! Ce ne sont que des améliorations, il n'y a plus de rupture technologique. C'est peut-être normal. L'homme n'aime pas le changement, ou alors... en grande douceur. Les habitudes ont été prises, les changer est un effort. Le micro-ordinateur est simplement devenu un objet du quotidien.

Si cet ouvrage fait l'objet d'un additif ou d'un erratum, l'information sera alors disponible sur le site internet **www.cepadues.com,** à la fiche de l'ouvrage. L'accès direct se fait en tapant la référence de l'ouvrage (1759) dans le champ recherche.

auteurs@cepadues.com

une adresse pour ...

...nous faire part de vos remarques, critiques ou suggestions éventuelles,

... partager vos **impressions de lecture**
Vous pouvez également écrire sur le site Internet de votre libraire ou vendeur,

... nous solliciter si vous êtes vous-même porteur d'un **projet d'ouvrage.**

D'avance, nous vous remercions.

Achevé d'imprimer en France
en juillet 2020 chez Messages SAS
111, rue Nicolas Vauquelin • 31100 Toulouse
Tél. : 05 61 41 24 14 • Fax : 05 61 19 00 43
imprimerie@messages.fr